体育教学方法与应用研究

王　浩　杨逍然　张洳铭 ◎著

重庆出版集团 重庆出版社

图书在版编目 (CIP) 数据

体育教学方法与应用研究/王浩,杨逍然,张泇
铭著.—重庆:重庆出版社,2022.11
ISBN 978-7-229-17277-0

Ⅰ.①体… Ⅱ.①王… ②杨… ③张… Ⅲ.①体育
教学—教学研究—高等学校 Ⅳ.①G807.4

中国版本图书馆 CIP 数据核字 (2022) 第 207103 号

体育教学方法与应用研究
TIYU JIAOXUE FANGFA YU YINGYONG YANJIU
王 浩 杨逍然 张泇铭 著

责任编辑:钟丽娟 阚天阔
责任校对:李小君
封面设计:徐芳芳

重庆出版集团
重庆出版社 出版
重庆市南岸区南滨路 162 号 1 幢 邮编:400061 http://www.cqph.com
北京四海锦诚印刷技术有限公司印刷
重庆出版集团图书发行有限公司发行
E-MAIL:fxchu@cqph.com 邮购电话:023-61520646
全国新华书店经销

开本:787mm×1092mm 1/16 印张:11 字数:208 千
2023 年5月第 1 版 2023 年5月第 1 次印刷
ISBN 978-7-229-17277-0

定价:58.00 元

如有印装质量问题,请向本集团图书发行有限公司调换:023-61520678

前　言

体育教学活动是随着体育学科的建立而出现的一种教学形式，它是现代教育教学的重要组成部分，是落实素质教育、培养全面发展的高素质人才的一个重要途径和方法。要想科学地组织和开展体育教学活动、充分发挥体育教学的价值、培养现代体育专业人才，体育教学工作者必须明确体育教学的基本理论知识，包括体育教学的概念与特点、性质与功能、目标与原则以及教学主体。

高校体育教学是我国高校教育和体育教育的重要组成部分，在促进我国体育和教育事业发展、促进大学生健康全面发展方面发挥着重要作用。

新时期，高校体育教学改革创新非常重要，而且十分必要，在"以人为本""健康第一""终身体育"等新的教学理念指导下，在"体育强国""健康中国""全民健身"的体育梦想的促进下，高校体育面向最广大的受教育群体，肩负着促进大学生群体身心健康发展和社会性发展的重要责任。

本书主要对体育教学方法与应用进行研究，阐述了体育教学的概念、性质、构成、目标、原则等，探讨了体育教学的多维理念、管理体系、教学方法及过程设计，深入研究了在信息化背景下实现有效体育教学的路径，包括微格教学、微课教学和信息化教学，最后，对体育教学功能实现与创新应用的保障体系进行了全面阐述。

在本书的策划和编写中，曾参阅了与体育有关的大量文献与资料。由于作者学识水平和时间所限，本书的选材和编写会有一些不尽人意的地方，书中也难免存在缺点，敬请各位专家及广大读者指正，以便进一步完善提高。

目　录

第一章 体育教学理论分析

第一节 体育教学的概念与性质

一、体育教学的概念

体育教学是按一定计划和课程标准进行的有目的和有组织的教育过程。体育教学由教师和学生共同参与，其任务是向学生传授体育知识、技术与技能，增强其体质，培养其道德、意志、品质等。它是学校体育实现的基本形式，是体育目标的实施途径之一。

从另一个角度来说，体育教学是知识的传习活动，其所传习的内容是特殊的知识——运动技术。这种传习活动是由处于主导地位的体育教师向学生传授所实现的。需要注意的是，在传习过程中，传习的内容要从简单开始，逐渐增加难度。可以说，体育教师和普通学生是体育教学概念的一对种差。以概念种属的确认为依据，可以将体育教学的概念界定为：在体育教师和普通学生之间展开的运动技术传习活动。

二、体育教学的性质

对体育教学性质的理解和认识，需要从两个方面入手，即学科性质和特征。

（一）体育教学的学科性质

1.综合性

体育教学本身是一个综合性学科，其将理论性和应用性集于一体。这里所说的理论性，主要表现为体育教学论的研究内容，主要包括体育教学现象和特征、本质和规律等方面的基本问题，其中还将其理论性学科的特征体现出来，主要表现为体育教学基础理论科学性和系统性的提高。这里所说的应用性，则主要体现在体育教学论研究的基本理论要运用于体育教学实践，对教学实践进行指导，含有显著的应用性学科特征。这两个显著特征的综合，就体现出了体育教学的综合性学科特征。

2.艺术性

体育教学还具有显著的艺术性特征，这一点从其研究的多个角度可得到体现。究其原因，是由于体育教学在传授人类优秀的体育文化成果的过程中，所包含的内容是多方面的，比如，较为直接的体育基本知识、技术技能等，除此之外，还有一些相关的教育知识，涉及体育思想、生理学、心理学、体育保健、行为和意识等方面。除此之外，还有一些边缘知识也被纳入体育教学的艺术性知识范畴，比如体育教学过程中的口语和形体语言，美的欣赏和创造，美的体验和创新，人体活动过程中身心负荷调节控制，人与人之间思想和情感的交流等。由此，体现出了科学性、灵活性、艺术性和创造性等显著特征。

综上所述，体育教学的学科特征主要是指综合性特征，具体体现在理论性、应用性、艺术性这几个方面的集合。

（二）体育教学的特征

体育教学是教学的一种，它要遵循教学的一般原理，因此，其具有一般教学的特征。同时，其也有一般教学所不具有的专属特性，具体有以下几个方面。

1. 综合性

体育教学论的组成因素是体育教学的基本理论体系，但是，其在形成与发展过程中所涉及的理论知识是与很多学科有关的，这就将其跨学科的特征显现了出来。通过对这一特征的分析，不仅能体现出体育教学论的内涵，还能将其与多学科之间的密切关系体现出来。这里要特别强调的是，体育教学论并不是一门独立的学科，而是与其他多个学科之间都有着密切关系，可以说，其是从体育的角度出发，从其他学科中来吸取能够为体育服务的相关知识，这是体育教学论发展的重要基础。所以，体育教学论的发展对于其他相关学科基础理论还是有一定的依赖性的，这是其自身发展不可或缺的重要理论基础。

2. 实践性

体育教学论具有实践性，这主要是指它是从体育教学实践中发源而来的，并且最终在体育教学实践中加以运用；简而言之，就是它既来自实践，又服务于实践。这也从侧面体现出了体育教学实践的发展离不开体育教学论的产生和发展这一重要基础，体育教学实践能够进一步丰富和充实理论内涵，同时，理论也能对实践产生积极的指导。所以，体育教学是在体育教学实践的基础上不断发展的，并且这种发展与马克思唯物主义思维观和方法论的基本要求是相符的。

3. 传递性和发展性

体育教学论的发展，是在之前体育教学的研究成果和经验基础上进行的，人们对现实体育教学理论与实践问题不断进行加工和提炼，由此，本学科系统的理论体系便逐渐形成，并且逐渐发展成为一门独立的学科。

体育教学的一个重要功能，就是将人类在发展过程中所形成的体育文化、体育教育等方面的理论知识和实践技能逐渐传递下去，这就将体育教学论的形成、发展和功能特点等方面充分体现出来，同时，也将其传递性的特点体现了出来。

体育教学论主要对体育课程教育文化传递过程的本身进行研究，换句话说，就是通过归纳总结原有的体育课程教育文化成果，将其进行进一步的提炼、升华和创新。也可以将这一过程理解为体育教学基础理论不断充实、发展和创新的过程，这个过程本身就将体育教学论的传递性与发展性彼此联系和相互依存的辩证关系反映了出来。由此可见，体育教学的传递性和发展性特点显著。

第二节　体育教学的目标与结构

一、体育教学的目标

（一）体育教学目标的特性

体育教学目标本身也有其显著特性，具体分析，可以将其特性归纳为以下几点。

1.前瞻性和曲折性

不同特性的体现方式是不同的，体育教学目标的前瞻性主要从老师对学生的指导作用上得到体现。而曲折性则将其激励作用体现了出来。体育教学目标就是未来要取得的一个效果，某种意义上是对未来事物的预测，因此，如果要制定一个科学、可行的体育教学目标，首先要做的就是对教学实际有一个全面且客观的了解与认识，其次还要参照学生现有水平、能力等，从而使教师和学生能够在经过一定的努力之后达成教学目标。可见，所制定的体育教学目标要有一定的难度，否则，就失去了努力的意义。

2.方向性和终结性

体育教学目标中还要将特定的价值取向反映出来，而价值取向是具有明确的方向性的，这也就赋予了体育教学目标一定的方向性特点。体育教学目标的方向性特点，实际上就是指能够将他们应朝着什么方向努力、努力到什么程度、达到什么样的效果等问题明确地告诉体育教师与学生。

体育教学目标的终结性，所体现出的是体育教学目标对一定的学生所要达到的结果的期待。通常，可以将这里所说的终结理解为整个体育过程的互相联系的一个一个的"歇脚点"，这与整个体育的终点是有区别的，不是等同的关系。

（二）体育教学目标的功能

体育教学目标作为体育教学的一个重要组成部分，也有其存在的意义与重要功能，具体表现如下。

1. 体育教学内容及教学方法选择的参照依据

体育教学目标对人们的价值判断有一定的指导作用，这在体育教学的过程中都有所体现，尤其是在体育教学的内容和方法的科学选择方面。

2. 体育教学活动组织需要参考的依据

体育教学目标不仅能够对体育教学内容和教学方法的选择提供必要的参照依据，同时，也能为体育教学活动组织提供相应的依据。需要强调的是，其在体育教学内容的结构方式以及教与学的组织形式方面所起到的作用是非常重要的，是有着重要的决定性影响的，这也就在一定程度上为具体教学策略的实施提供了有效的指导。

3. 体育教学评价参照的依据

从实质上来说，体育教学评价的实施应该参照的依据主要为体育教学目标对体育教学的价值和效果，其是体育教学评价的基本标准。由此，便得出了体育教学目标为体育教学评价提供了基本的依据。

二、体育教学的结构

体育教学是一个具有严密结构的整体，对学校体育教学的结构设置是否合理进行衡量需要借助一定的标准，即主要看其是否有利于体育教学的目标实现。

组成或影响教学活动的各种要素及其相互间的关系，就是所谓的体育教学结构，其组成的基本要素包括教师、学生、教材、教法等。静态地看，体育教学的构成因素主要有参与者、施加因素和媒介因素三个方面。

（一）参与者

体育教学的参与者有两个：一个是体育教师，一个是学生。两者在体育教学中所起到的作用是不同的。

教师在体育教学中的作用主要是主导作用，这在体育教学中是属于外部作用，其在体育教学中所发挥的职能有计划、组织、传授、管理、监督、调控等几个方面。体育教学的作用在体育教学的质量上也有所体现，尤其是教师的敬业精神、业务水平和组织能力等素质所起到的是重要的决定性作用。

学生在体育教学中是处于主体地位的，也是教师施教的对象。在之前传统的教学活动中，学生只是一味简单地、被动地接受教育；而在现在的体育教学中，学生必须充分调动其智力和非智力因素，积极主动地参与学习，这样才有可能取得理想的学习效果。所以，从广泛意义上讲，学生的状况会影响或者制约体育教学，也会对其产生一定的调控作用；学生在教学过程中既有作为一个群体的共同特性，同时也有作为个体的差异性。学生对教学的能动参与对教学质量好坏产生重要的决定性影响。对于体育教师来说，针对学生的特点，努力调动学生的积极性，以取得学生的信任和配合，是其重要职责之一。

（二）施加因素

社会对学生的要求能够在体育教学中得到体现，主要涉及体育教学的任务、内容、大纲、计划等要素，而且这些要素都属外部施加因素的范畴，也是连接教与学的纽带。

教学任务、教学内容和大纲计划等从不同方面对教学过程进行了各自的规定，可以说，这些因素都对体育教学的开展提供了重要的依据和支持。体育教学的任务和内容的价值是非常显著的，这在显性和隐性方面都有体现，教学过程中应认真处理好两类价值的关系，对学生身心同步、协调地发展起到积极的促进作用。

（三）媒介因素

关于体育教学，也可以从动态上将其理解为一种信息传递的过程，这一过程中，涉及时间和空间，同时，还有一定的有序性特点。信息的传递是需要借助媒介这一重要因素的，这里所说的媒介包含多个方面，比如，场地器材、组织教法、环境设备等。通常，高质量、现代化的媒介条件对于体育教学质量的提高会起到积极的作用，其中场地器材和环境设备是物质条件，组织教法是根据教学任务串联学生、教材和物质媒介的纽带，会对体育教学起到重要的调控作用。这就要求媒介因素应具备多方面的显著特征，比如，针对性、抗干扰性、安全性、实用性、可控性等。

需要强调的是，体育教学的上述三大要素在实际教学过程中是有着非常密切的联系的，主要表现为动态结合、变化多端，其中教师的主导作用是最为重要的。

第三节　体育教学的特点与功能

一、体育教学的特点

体育教学，对于学生来说，就是一种逐渐增强认识的活动，这就赋予了学生认识活动的一般特征。同时，体育本身的技术性特点较强，因此，这使得体育教学具有自身特有的显著特点，增强在这方面的认识，对于严密组织教学、提高教学质量都是非常有益的。具体来说，体育教学所特有的特点主要有以下几个方面。

（一）理论与实践相结合

体育教学的主要内容是将体育技术、技能传授给学生，从而达到有效增强学生体质的目的。对于体育教学来说，知识的讲授是理论方面的，而技术技能的传授则属于实践方面。学生参与体育教学的一个重要目的就是使自身的体质有所增强，因此，学习并熟练掌握体育运动项目的技术和技能是必须要做到的，而这种实践活动的实施需要科学的指导，即体育的相关理论知识。在体育教学内容中，占较大比重的是体育技术，体育理论知识只占较小部分。相较于其他课程来说，体育课程的教学内容以技术教学为主，主要是用于身体实践。

（二）机体参与活动和教学组织的多样化

体育教学的机体参与活动和教学组织的多样化特征，并不是其内部具有的显著特征，而是相对于文化课教学而言的。尽管体育课教学与文化课一样，其过程中也会有一定的思维活动，但是，不同之处在于，学生在体育教学过程中，机体在进行相关活动时，可以借助肌肉感觉来将信息传递到中枢，同时对其进行分析、综合，从而达到理性认识体育技术、技能的目的。机体在参与活动的过程中，经过反复的条件刺激，将条件反射建立起来，对体育技术进行熟练掌握。从某种意义上来说，这个过程中同时包含了对体育技术的学习以及体质的增强和健康水平的提高这几个方面。

体育教学在进行过程中，受到很多因素的影响，比如学生，一个班级的学生有几十人，这些个体都处于一定的生长发育阶段，在生理和心理方面有一定的共同之处，但也存在着一定的差别之处，包括性别、性格、素质水平、活动能力、学习能力等方面。除此之外，环境的干扰和场地、设施等制约也会对体育教学的进行产生影响。这些因素就在很大程度上决定了体育教学组织的复杂性和组织形式的多样性特点。因此，在体育教学过程中，一定要充分运用相关的其他学科知识，比如，教育学、社会学、生理学、心理学、伦理学等，去精心组织一节体育课教学，使体育教学过程与教学规律的要求相符。

（三）鲜明的教育性特点

体育教学的教育性特点主要体现在学生品德、心理品质培养方面。在体育教学过程中，不仅能培养学生的竞技意识和精神，还能培养学生诚实、守纪律的品质以及刻苦耐劳、勇于拼搏的意志。另外，体育活动是需要学生积极参与的，这就赋予了其群体特征，这对于学生之间的人际交往、友谊和团结都是有帮助的，基于此，体育教学就将其鲜明的教育性特点充分地体现了出来。

体育教师在从事体育教学的时候，一定要保证其教学方向的正确性，鉴于此，就必须要做到将体育教学与整个国家的政治、经济改革有机结合起来，这是最基本的。一般而言，体育教师对体育教学的特点认识越深刻，体育在人才培养中的特殊功效的发挥程度就越高，体育教学质量就会得到更加有效地提高，从而为提高中华民族的素质，在社会主义现代化人才培养的光荣使命中，做出更多、更大的贡献。

二、体育教学的功能

体育教学功能，就是学校体育对学生和社会产生相应的影响和作用，并最终得到良好效益。体育教学功能的产生与实现是基于其显著特点的。体育教学的功能是多元化的，可大致归纳为下列几个方面。

（一）改造经验

人类在日常的生活中，是需要一定的经验的，这对于人类生活能力的提升是有帮助的。但人的经验是涉及很多方面的，具体如下。

1. 品格经验方面

不懂得公平竞争、不服从法规制度、不信守诺言、不具备合作习惯等社会品质的人，无疑将被社会群体所排斥。

2. 情绪经验方面

个人不良情绪在发泄时，如果选择传统的、野蛮的原始方式，则对于社会的秩序与安宁是不利的，因此，这在文明社会中是不被允许的。

3. 动作经验方面

简单的如坐立行走、举手投足，复杂的如对距离、速度、时间的判断等，不管是什么样的动作经验，要想得到有效培养，就必须在实践中才能实现。

上述几个方面的品性和经验是一个合格公民所应必备的素质，而体育则是作为人类进行综合性生活教育的一种有效途径而存在的，其主要作用在于能够使个人在心智、情绪、动作经验、行为品性等多方面，在以身体活动为中介的体育实践活动中得到发展。

（二）发展适应能力

在当今这个竞争日趋激烈的社会中，社会环境变化迅速，在这样的背景下，所遵循的规则就是"适者生存"。而学校体育教学正是帮助个体适应其生活环境的一种影响或训练。

不同的人由于自身条件的不同，其对适应能力的要求也有所差别，但是在现代社会中，要求个人的适应能力应该是多方面的，其不仅包含身体方面的，还包括心理方面和社会方面的，任何一个方面都不能缺少。由此可以推断，作为"以人为本，充分尊重学生兴趣、爱好"的体育教育活动，就是对学生的适应能力的培养与提高。

（三）改变行为

体育活动所引起的经验改造和适应能力发展，能够对学生行为产生一定的影响，并使其发生相应的变化。在体育活动中，只要是那些与社会要求相符的行为，在被社会认可和接受之后，就一定会随着社会发展得到进一步的加强，反之，就会受到阻止。由此，每个人的行为都会更趋于符合社会道德准则和行为规范的要求。个体在体育活动过程中，能够在机智、勇敢的行为方面得到有效培养。

（四）健身娱乐

教会人们去合理有效地利用、保护和促进身体发展，是学校体育教学的目标之一，具体来说，这实际上是一种利用身体而又去完善身体的过程。

人体的发展所遵循的是"用进废退"的生物学规律，人体极限效能的发挥主要是通过合理而科学的身体锻炼这一途径来实现的。身体锻炼之后，神经肌肉就会产生一定的活动，而这些活动中的有效活动会对人体产生非常重要的影响，一方面，能使包括运动系统在内的各个身体生理系统的功能得到有效强化和提升；另一方面，会造成多重增益性反应的产生。对于人的一生来说，身体锻炼并不是全部，还包括发自内心的热衷于身体娱乐活动的兴趣和情绪。

对于现代社会的人类来说，其不仅需要基本的物质保证，还要有必要的运动和娱乐，这都是非常重要且不可或缺的重要因素。而现代社会在时间、财力和营养方面，正在为人类的身体娱乐活动提供越来越优裕的条件。这就要求以身体活动为主要媒介的身体娱乐要将其独特的"多重功效"充分发挥出来，具体来说，适度的身体娱乐活动，既健身，又悦心，是真正意义上的发展身心健康。

（五）培养竞争意识

现代社会中，不管是生活还是工作、学习，都存在着竞争性，这与竞技场上的比赛是非常相似的。参与竞争的人，为了使自身得到更好的、更充实的发展，就必须主动创造有利条件，而这种有利条件，实际上就是由竞争意识所支配的合理行为。

以迁移为原则，运动场上，人们所表现出的那些优良的品格和行为，也会在很大程度上迁移到日常生活中，并且这些行为往往是能够被社会所认可和接纳的。运动场上有比赛，就会有胜负，社会生活中也是如此，而有比较，就会有得意和失意。从公平竞争的角度而言，人们的竞争意识往往就是在运动场上被激发出来并加以培养和强化的。体育教学通过竞技运动中的某些内容和因素的运用，借助于夺取桂冠这一重要手段，最终达到教育人类不断地完善和超越自我的目的，它的实际意义是非常重大的，甚至比夺取金牌的意义都要大得多。

需要注意的是，除了上述这几个方面的功能外，体育教学还有其他一些功能，比如，传递人类文化等，这里不再赘述。

第四节　体育教学的原理与原则

一、体育教学的原理

体育教学内容以运动项目为主体，体育教学内容的涉及必须遵循运动项目教学原理，教学原理所起到的作用和意义重大，比如，其能够科学且合理地解释体育学习活动中学习者的不懈追求，同时，运动技能学习中个体本能生物价值观与社会文化价值观的相互融合也是其能够解释的内容之一。

（一）兴趣爱好—情感体验—习惯形成—终身体育观念链式循环原理

1.原理特点

对于当前体育教学来说，其所致力的目标是形成体育习惯与终身体育观念。而习惯与观念的形成是以兴趣爱好与情感体验为前提实现的。从原理的作用来看，兴趣爱好—情感体验—习惯形成—终身体育观念链式循环原理是一个宏观的体育教学理念，与其他教学原理是不同的。某种意义上，它可以被归纳到软结构自我表述的范畴，其作用主要体现在体育教学过程具有目标定向和理念化指导方面。

2. 该原理对体育教学的影响

运动项目系统进化中，价值观往往是兴趣爱好与情感体验的主要方面，人类体育运动实践行为的进行是需要在价值观的指导下才能实现的，价值观在体育实践过程中以兴趣爱好与情感体验的形式得以表现出来。

人是不断进化发展的，体育运动也是如此，在其发展的过程中，尤其会形成追求运动快乐与获得运动快乐的显著特性，通过运动，机体不仅能变得强壮，还能获取一些快感，比如，运动成就能够使心理上得到相应的满足，幸福感的一个重要来源就是体育运动。幸福感是人类进化中的恒常追求。从原理的内涵意义来看，兴趣爱好—情感体验—习惯形成—终身体育观念链式循环原理，对体育教学过程进行了整体上的把握，其对体育教学中非智力因素对学习活动的影响的关注程度是相对比较高的，所强调的是体育教学中学生主体的感受，因此，就要求所进行的教学活动应该是生动且活泼的，但是需要注意，这与系统整体论科学观是相符的。

（二）运动项目"自在的趣味性强化"原理

项目进化所形成的"自在的趣味性强化"本身也具有显著的作用，专门运动技能的形成是必须在科学且和谐的运动项目的基础上才能实现的。运动项目对运动者的多种功能的实现途径通常为强化"自在的趣味性"的作用。不管是什么样的运动项目，都能从中表现出"自在的趣味性"强化作用。这里所说的"自在"，是指以运动项目为内容的身体练习中，存在着由项目进化形成和完善的、能够使练习者产生兴奋和快感的事件。需要强调的是，这些事件在运动项目中是客观存在的事物，不会以任何人的主观意志而发生改变，这也在一定程度上反映出了其竞技方式、竞技结果的必然性。

一般来说，从初学者普遍追求操作目标的实现上可以得知，所谓自在的趣味性强化作用事件就是那些与操作目的、操作结果相关联的由项目本身作用于练习者，并且同时能使练习者产生兴奋作用的事件。假设这些强化作用事件并不存在，那么，就谈不上运动技能和练习本身的魅力了，那么运动技能的主动形成外调积极性就更无从谈起了。

学生之所以能够参与到体育教学活动中，必须有其足够的参与动机，表现出来，就是学生对体育教学内容及形式的兴趣，只有在这方面有动机，才能产生参与的积极性与主动性，这样才能使其在体育教学中学习的持久性得到保证。在体育运动项目教学中强调自主积极性的建立，是贯彻以人为本、尊重学生个性发展教学观念的必然产物。在以人为本教学观的主导下，体育教学将面向未来生活作为其主要目标，鉴于此，一定要将对学生体育兴趣的培养作为关注的重点，并且放在首要位置上。另外，在设计体育教学过程时，也要注意在其中增加一些提升学生练习兴趣和积极的情感体验的因素，使学生练习的主观能动作用得到强化，保证教学效益的提升。

总的来说，要对作业练习中的自在趣味性强化点进行有效且准确的把握，对其整个的发生过程也要能有效控制，通过对自在趣味性强化作用的控制和调整，来使不同阶段的教学任务都能得以完成。

（三）运动项目教学的"非自在动作规范强化"原理

运动技能教学中，只有自在趣味性强化作用是不够的，还必须有与之相对应的"非自在动作规范强化"作用事件，这一原理的设置主要是由教师或教练员按照运动技术文化规范人为操作的。非自在动作规范强化作用的存在与体育运动教学的社会文化价值观之间有着非常密切的联系，究其原因，主要是由于运动技能教学中教师要求的东西往往是人们在大量体育实践中逐渐认识到的正确方法和要领，属于人类体育实践中总结出来的经验知识的范畴。

通常，如果练习者能够在遵循社会文化价值观的基础上参与练习取得一定的成效，那么，其在这方面所获得的成效就会非常丰富，且持久性更强。体育教学中的这种现象，就从某种程度上对运动的生物本能与文化规范两种价值观的近期矛盾和长期统一进行了有效的印证。

由此可以看出，在体育教学中学习那些与社会文化价值要求相符的运动技术方法是非常重要且必要的，只有经过这一个艰苦的过程，才能取得理想的成效。为此，学生必须首先将自身正确的学习动机树立起来，对于体育教师来说，也需要在这方面提供一定的支持与帮助，比如在技术规范化要求的同时，也必须对学生的运动愉悦体验进行充分考虑，使教学在师生合作的基础上真正互动起来，如此一来，教学效益的最大化才有可能实现。

（四）自然追求与技术理性相结合原理

在体育教学中，所用到的相关原理的效果是不同的，单独运用原理所取得的成效远不如两种或者几种原理的综合运用效果，因此，就需要将"自在的趣味性"强化与"非自在动作规范"强化原理整合起来加以运用，才能将两者的作用最大程度地发挥出来，需要强调的是，这种整合就是自然追求与技术理性的有机结合。

人在运动中的恒常自然追求，寓于体育教学之中表现为技术理性。这里所说的技术理性，实际上就是人类通过多年运动实践总结出来的理性化技术方法，需要强调的是，这里所说的理性，就是表明其不是主观随意的，而是经过研究探索的。在体育教学中，通过技术理性的学习与提高使人的自然追求更好地得到满足。

将自然追求与技术理性结合起来的这一教学原理被提出来，主要是为了对"自在的趣味性"强化与"非自在的动作规范"强化在体育教学中有机结合的必要性进行分析和阐述，最终所得出的作用和意义主要表现为：科学、合理地解释体育教学中作业练习与教法设计的基本规律，从而促使体育教学原理更加趋于完善。"自在的趣味性"强化与"非自在的动作规范"强化在体育教学中有机结合，是体育教师和教练员，必须遵循的重要规律，通过这种方式，能够将自然追求与技术理性有机结合起来。

对运动技能学习过程来说，上述这两种强化作用都是不可或缺的重要方面，缺少其中一项，所产生的效果就会大打折扣。比如，"自在的趣味性"强化欠缺，学生的学习兴趣就会受到影响而大大降低，练习的激情也会减少；而如果"非自在的技术规范"强化欠缺，那么就可能会使练习具有一定的盲目性，形成的动作技能可能都是不正确的。因此，必须将这两种强化作用综合起来，以取得最佳效果。

（五）练习与强化的"相倚关系"原理

体育教学的原理有很多种，一些原理的提出是由其他原理的结合推导出来的。在运动技能教学中，只要练习者主观上进行了与规范动作要求相符的练习操作，那么就应该给予相应的强化；只要学生的主观操作是按照教师的要求进行的，那么其成功或最大的成功率就有可能会实现。

（六）练习的"适宜难度负荷"原理

从理论的研究得知，控制"自在的趣味性"强化作用发生概率、建立操作与强化的"相倚关系"等，在某种程度上都是对作业练习难度的控制和调整，因此，要在体育教学中贯彻这些理论，如将入手点确定为对作业练习的难度的研究上。在体育教学中，要做好对作业练习的安排，应对多方面因素加以考虑，比如，练习组织形式、练习难度的合理简化，其中，后者的重要性更甚。

所谓"运动技能难度负荷"是针对练习者而提出的一个原理，主要从练习或竞赛表演形式和内容上得以体现。要想取得一定的锻炼效果，适宜的运动负荷是必要条件之一，对于练习者来说，为习得该技能而练习时必须克服的综合负荷。通常，运动技能难度负荷包括的内容有两个方面：一个是神经生理负荷，一个是认知心理负荷。

二、体育教学的原则

体育教学原则的提出是在必要依据下实现的，这里主要是指实践经验，当前，普遍存在着体育教学原则与体育教学规律脱节的现象，原则之间必然的逻辑联系较为欠缺。鉴于此，就需要克服种种困难和不足，对传统的体育教学原则进行改革和完善，从而将新的体育教学原则制定出来，具体如下。

（一）准备性原则

教学效果的好坏并不是固定的，是根据相关影响因素而发生相应变化的，教师和学生对教学的准备状态及客观提供的条件就是其中的影响因素之一。一般地，体育教学所进行的场所为体育场馆，因此，相较于其他教学来说，需要做的准备有着更高、更严密的要求。

对于体育教学来说，准备活动是非常重要且必要的，因为其能够为教学活动的进行创造良好的条件，同时也反映出了体育教学过程对教学准备和进行教学条件的依从性规律的要求。一般可以将体育教学的准备分为以下两个方面。

1. 课前的准备

教师的课前准备工作主要包括以下三方面内容。

（1）教师自身的准备

准备内容主要涉及教师的心理素质、生理素质、业务素质和着装几个方面。

（2）教案的准备

在准备体育教学所需要的教案时，需要以学生的情况、场地设备、器材等为依据来选择适宜的教材，并对选定的教材进行深入的研究，从而将最佳的教学方案设计并制定出来。

（3）教学条件的准备

主要是指对教学场地、器材、环境等教学条件的仔细检查，保证教学过程的安全性和顺利进行。

2. 课时的准备

教师的课时准备主要包括生理准备和心理准备。

（1）生理准备

教师在生理方面的准备，主要是指做好课时所学内容准备和练习前的各种必要身体机能活动性准备。

（2）心理准备

教师在心理方面的准备，主要是指教师通过一系列的操作，保证教学活动的顺利进行，比如，对课时任务和内容教材的宣布，动员完成任务的要求，调节适度的兴趣性，提醒学生做好学习的心理准备。

（二）教养、发展、教育的目的性原则

这一原则在体育教学中所起到的作用非常显著，主要表现为对教师全面、正确地规划体育教学发展和教育的任务的积极指导，同时，对于其具体化操作也有一定影响，这对于确定体育教学的目的任务、内容等是有帮助的。

我国体育教学活动的进行，并不是绝对独立的，而是需要与其他学科配合起来进行的，相关的学科知识主要包括自然科学和社会科学，从而保证教学过程的目的性和计划性。在体育教学的过程中，要将社会主义建设人才的培养放在重要位置上，具体要按照党的教育方针进行，所要培养的人才必须具有共产主义思想品德，掌握科学知识，体魄健壮，全面型人才是培养的重要目标。因此，这就要求从客观上对体育教学必须贯彻执行发展身体、增强体质、掌握与提高体育的基本知识、技术、技能，以及培养学生科学锻炼身体的能力和养成自觉锻炼的习惯进行相关的规定，同时，还以体育教学的目的、任务为依据，与各校的特点及差异相结合，来对教学大纲进行适当的调整与修改，编写与教学实际需要相符的教学计划，选择与本校学生实际情况相符的教材内容，设计教学方案，并在实施教学方案过程中不断加以检正、修改、补充、完善。

这一原则不仅能对教学方案的设计、教学方案的实施与教学效果的预测起到积极的指导作用，同时，还能作为主要标准来对教学效果进行检查和评价。可以说，这一原则在教学过程中起到的主要是调节作用，并且概括性和科学性的特点也尤为显著。

（三）适量和循序渐进性原则

这一原则在体育教学中的作用主要是从科学的角度来指导其内容、方法、所用的教材，以及教学实践活动所采用的运动负荷大小等，使这些因素能综合起来促进体育教学活动的顺利开展与理想教学效果的取得。

一般在特定的社会环境中，体育教学内容和教材的选用，都能够将特定时期的体育科学技术和与之相关的科学发展水平体现出来，并且以体育教学内容和教材为载体，来不断与时俱进，加以发展、更新，增强其科学性。在选择教材时，一定要保证其内容的全面性

与多样性，同时，还要经过多方的科学研究与验证，才最终选定教材，使选用的教材尽可能得到普遍认可。另外，在运用组织教法时一定要保证其适量性，同时还必须与学生的年龄特征和实际发展水平及接受能力相适应，这一点主要包含心理负荷和生理负荷。

在选编体育教材和设计教学方案时，还要遵循循序渐进原则，究其原因，是学生在年龄、年级、生理、心理特点方面都有显著差异性，循序渐进地对体育教材进行科学合理的安排，使其深度和广度都能与学生的实际情况和需要相符，这关系到体育教学效果的好坏。

从本质上来说，教材的系统和教材之间的联系属于横向关系，两者在逻辑上有一定的相关性，使学生以科学的逻辑关系为依据，来由浅入深逐渐递增地去学习并掌握有关的知识、技能，并保证其适度性，根据自身的情况，有针对性地锻炼身体、锻炼意志，由此，不仅使自身的能力得到提升，而且对学生的身心健康也有着积极的促进作用。

（四）直观性、启发性和活动性原则

这一原则所体现的主要是对教学方法的基本要求。在选择和运用教学方法时，要考虑多方面的因素，比如学校方面，不同学校在性质、特点和具体的教学方面都是有所差别的，而从学生方面来说，不同学生个体的客观和主观条件也有所不同。与此同时，还要注意应用时要把实践证明行之有效的各种教学方法和手段配合起来。

1. 直观性原则

在体育教学中，直观的方法和手段所具有的作用和意义是非常重要的，主要表现在能够使学生在掌握体育知识、技术和技能时，能够从感性认识上开始。通过对学生的思维发展的研究发现，其是遵循从具体到抽象的发展规律的。教师在体育教学中，要充分发挥其指导作用，以此来为学生积极、自觉地从事各种身体练习以完成一定的教学任务提供一定的帮助。一般来说，在体育教学活动中，学生通常是将各种有关的感觉器官综合起来加以运用，来对动作的外部形象以及时空的关系进行感知的。针对这种情况，体育教师要借助各种各样的教学方法和手段，来使学生能够更加容易和直观形象地理解技术动作，同时，也能建立起对动作技术的概念与模型，之后，还要与教师对所学知识要领的讲解以及完成课时任务的提示、要求有机结合，从生理学的角度上，来不断通过经常性的练习，建立完整和正确的动作体系，为今后其他方面的体育教学内容的学习创造良好条件。

需要强调的是，在运用教学方法时，建议将直观法与语言法、兴趣启发教学法结合起来加以运用，这样所取得的效果会更加理想。

2. 启发性原则

教学启发性原则对于教学方法具有重要的指导作用。对于不同的教学方法来说，其指

导思想的不同，就决定了可以采用的手段也是各有不同的。在体育教学实践中，教师要通过精练、准确、生动的讲解与正确优美的示范，来对学生的学习与思考进行积极有效的启发，使他们的思维得到开发与拓展，模仿练习是非常重要的手段之一，完全采用注入式的教法相较于机械模仿练习所获得的教学效果要好很多。

3. 活动性原则

在体育教学过程中，教学的活动性也是非常重要的，不能忽视。所谓教学的活动性，就是指教和学都处于积极的活动状态。从现代教学论的角度上来说，学生身心健康的发展都是从体育教学的实践活动中获取的。"学生个性的发展与他们本身运用这一切活动有关"，这对体育教学来说是非常重要的。

（五）合理组织和因材施教的原则

这一原则所针对的主要是体育教学组织形式。体育教学组织形式的影响因素有很多，其中，能起到重要决定性影响的因素主要有教学任务、教学内容、教学手段和设备条件、时间，以及教学对象的年龄特征、性别特点、原有基础和身体差异等。在现代的体育教学中，不管采用什么样的组织形式，都要对相关的主观与客观条件进行充分考虑，比如，场地、器材，在练习中有的项目需要保护帮助及存在性别差异、体质差异等，针对这种情况，就需要在教学班级中把全班的教学分组练习和个别指导的教学形式合理地结合起来运用。

在合理组织体育教学时，一定要保证学生是受益的主体。换言之，只有那些能使学生受益的才是合理的，否则，就需要对其合理性进行进一步的推敲。这要通过教学效果的反馈信息获悉。所以，在选择和运用教学组织形式时，首先要做的就是全面了解并掌握学生的实际条件，从而更好地做到因地因时、因人因材施教，进而使所得到的教学效果与预期是相适应的，体育教学任务的顺利完成也在一定程度上得到保证。

（六）教师主导下的学生自觉积极性原则

体育教学，实际上是一种教与学同时进行的典型双边活动。

教师在体育教学中起到重要的主导作用，在此背景下，便提出了学生自觉积极性原则。具体来说，这一原则即为在体育教学过程中，在教师的主导下，学生形成正确的学习动机，把认真完成学习任务变成自觉的行动。这一原则强调的是，将体育教学中教与学两个方面的作用都充分发挥出来，教师的主导作用在对教学方案的执行以及教学过程的调节和控制上都有所体现；而学生的学习自觉性不是自发的，其是受制于教师的指导、传授、调节和控制的。相反，如果学生在学习和练习方面的自我调节和控制兼备，还能与教师的调节和控制协调一致，那么，预定的教学方案的顺利实施就会得到保证。

体育教学与一般意义上的身体锻炼之间并不是等同的关系，其主要区别在于体育教学是有目的、有计划的教育过程。在这一过程中，教师始终要按照社会和集体的意愿来对学生提出明确的要求，比如，学生应该学习的内容、科学锻炼身体的正确方法和手段、指导学生建立良好的学习动机，启发学生进行积极的思考，同时还要将社会的需要和个体的需要结合起来，把教师的要求变成自己学习的自觉积极性，从而认真地学习和自觉锻炼，主动地去完成教学任务。

（七）教学的巩固性和实效性原则

体育教学的主要目的是使学生学习并掌握体育的相关知识、技术与技能，保证其身心的健康发展，并督促其养成终身锻炼的良好习惯。但是，由于学生在接受体育知识、技术时，不管是生理上还是心理上，都存在着冷化、分化和动力定型的阶段，因此，要想达到熟练掌握和灵活运用的程度，就要求学生必须进行长期多次的反复练习来加以巩固。这里所说的实效性原则，则主要是指体育教学必须与学生的实际相符，使学生所学知识得到应用，收到实际效果。这一原则对教师提出了较高的要求，具体表现为：教师在体育教学的整个过程中，都要时刻检查教学的各个环节和各种成分，并对其进行客观且合理的评价，利用教学的反馈信息和不断地与预先的教学目标、任务对照，并且分析时间、精力和各种因素使用的合理性，使教学过程的各个环节与各个成分之间的联系有机结合，对整个体育教学能够保持最佳的状态起到积极的促进作用，学生在这样的氛围中，能够同时达到掌握体育知识和灵活应用的效果。

第二章　体育教学组织与管理体系

第一节　了解学生学情

了解学情主要是为了更好地掌握学生的体育基础和体育技能掌握情况，主要包括以下几个方法。

一、实地进行观察

实地观察有两种形式，一是正式观察，二是非正式观察，后者具有随意性，而且可即兴完成。为了对学情有准确的了解，需要进行实地的正式观察。

体育教师在正式观察中，首先要制订具体而周密的计划，利用一段时间来观察、了解目标学生的言语和行为（有时需要进行后继观察），从而获得学生在体育学习中的相关信息。具体步骤见表2-1。

表 2-1　正式观察了解学情的步骤

观察步骤	观察过程	观察内容
做好观察准备	（1）观察问题的确定 （2）观察计划的制订 （3）观察提纲的设计	（1）观察学生的目的是什么 （2）对哪个学生进行观察 （3）对学生的什么进行观察 （4）观察的时间地点分别是什么 （5）采取何种方式、手段观察
实施观察	（1）开放式观察 （2）聚焦观察	全方位观察目标学生，集中观察需要明确的问题
记录观察资料	观察活动进行记录	按时序记录，连续记录观察资料 （1）在观察初期，要完整和细致地记录事件 （2）在观察后期，通过摘录的方式对重要事件进行记录

续表

观察步骤	观察过程	观察内容
反思观察	对观察活动及信息进行反思	（1）对观察活动有什么想法 （2）解释记录下的事件 （3）对观察中遇到的问题和疑问进行分析与解决 （4）评论观察中使用的方法

二、进行问卷调查

运用问卷调查法可以使教师在较短时间内掌握全班学生的学情信息。采用问卷调查方法时，可以设计开放式问题，也可以设计封闭式问题。

（一）开放式问卷调查

开放式问卷中，问题比较开放，没有备选答案，学生要按自己的想法自由回答。

（二）封闭式问卷调查

常用的封闭式问卷调查见表 2-2。

表 2-2 封闭式问卷调查表

	很赞同	比较赞同	不赞同	完全不赞同
我希望老师在课程上可以经常让我回答问题				
上完一节体育课后，我对这节课的学习目标很清楚				
老师讲得太快，我跟不上节奏				
我积极参与小组中的讨论				

三、布置作业与测验

（一）作业

教师可以通过学生的作业获得以下两方面的学情信息。

（1）学生是否已经储备了一定的知识来完成新的学习任务。

（2）学生是否了解或掌握了新的学习内容。

以上信息直接影响体育教学课程的开展。

（二）测验

通过测验能够对学生体育学习的成效与得失进行检验，能够预测学生的后继学习。测验的内容主要有两方面，一种是学业成绩测验，另一种是能力测验。

四、适当进行访谈

采用实地观察、作业与测验等方式来对学生的学情进行了解时，主要是通过学生的外显行为及其结果来对其学习准备状态形成一定的认识，但教师很难对学生内隐的学习心理活动形成明确的认知。而访谈可以使教师以最直接的方式了解学生在体育学习过程中的心理活动。

五、通过经验判断

经验判断是了解学情的一种常用方法，体育教师主要是利用自己多年积累的教学经验来对学生的学情进行判断。看起来经验判断法比较容易操作，但是这一方式的使用要求却比较高，因为有些因素会制约与影响该方式的实施。教师的教学经验会影响与制约经验判断法的运用，教学实践经验丰富的老教师更适合采用该方法。"晕轮效应""思维定式"等认知因素会影响经验判断法的实施，导致教师片面或错误地判断学情。经验判断法的准确性与时效性会受到学生因素的影响。不同班级的学生，同一班级的学生在不同时间的学习情况都不同，所以很难准确判断。鉴于经验判断法操作要求较高，所以教师在对学情进行判断时，应根据实际情况综合使用以上方法，从而获得更全面、更准确的学情信息。

第二节 开发体育课程资源

一、体育课程改革

（一）体育课程改革的历史

自我国进行新课程改革以来，体育就加入到了新课程改革的洪流之中，不断进行着探索，在改革期间，很多学校体育和体育教学方面的专家都对体育新课程改革进行了探讨和争论，在一定程度上促进了我国体育课程的改革。

（二）体育课程标准

1. 树立"健康第一"的指导思想

随着我国社会的不断发展，人们生产生活方式都发生了巨变，体力劳动和体力消耗越来越少，人们的健康遇到了很大的问题，而体育是非常有效的促进人体健康的方式。近些年来，我国青少年的体质问题严峻，因此，必须树立"健康第一"的指导思想，促进学生积极参加体育课程，参与课外体育锻炼，从而促进身心健康的不断发展。

2. 将终身体育思想融入新课程中

在体育教学中，在教授学生形成体育技能的过程中，要不断强化学生的体育锻炼习惯，促进学生形成终身参与体育的习惯，这样有利于学生将体育作为生活的一部分，从而促进自己身心的健康发展。

3. 以学生为本的教育理念

在体育教学中，应该培养学生自主学习、探究学习、合作学习的能力，并关注每一个学生的个体差异，有针对性地进行体育教学，贯彻以学生为本的教育理念。

二、体育课程资源开发的意义

（一）丰富体育课程体系

对体育课程资源进行开发，是有效实现体育教学目标，促进学生全面发展的要求。传统的体育课程，已经遇到了一定的发展瓶颈，在教学过程中，陈旧的教学内容往往不能引起学生的学习兴趣。由于受传统体育教学思想的影响，加之体育教学大纲把课程内容规定得过死，使体育课程的选择面过窄，其中主要忽视了各地经济、文化、教育和学生发展的不均衡性和特殊性，缺乏地方、民族和学校的特色，在课程内容的选择上也缺乏置换功能，更没有考虑到不发达地区的经济、文化、教育的实际情况，使得不发达地区无法执行体育教学大纲所规定的教学内容。体育课程内容资源的开发，将极大地丰富和发展体育课程的体系，这也在一定程度上丰富了体育文化的内容，对促进体育文化的传递、创新和发展具有十分重要的现实意义。

（二）促进体育教师的专业发展

体育课程资源的开发过程是教师专业不断成长的过程，开发程度和范围的大小，将决定教师专业发展的程度和水平。传统体育课程的设置比较注重学科的逻辑性，过分强调运动技能的系统性和完整性，没有形成素质教育的课程体系。在教育的不断深化改革下，体育教学应该注重对学生综合素质的全面培养。体育课程资源的开发，将打破传统的以教材为中心的体育教学模式，充分释放出体育教师的能量，有效地促进体育教师专业能力的发展，使他们真正成为体育教学的主导者。

（三）激发学生的体育学习兴趣

对体育课程资源进行开发和利用，有利于激发学生的体育学习兴趣，培养学生的兴趣爱好。丰富、开放的体育课程资源可以提供给学生们丰富的感官刺激、信息刺激和思维刺激，从而提高学生参与体育学习的主动性，又可以使学生在愉悦中掌握体育的知识、技能，提高意志力，陶冶情操。此外，体育课程资源的开发，可以转变学生的学习方式，使学生从被动学习走向主动探索。学生也是体育课程资源的开发主体，学生的体育兴趣、体育知识、体育技能等是体育课程资源开发的有机组成部分。学生主动、合作、探究的学习方式将走进体育课程，对培养学生的实践能力和创新能力具有重要的意义。

三、体育课程资源开发的目标

在体育教学过程中，体育教师要充分利用各种有利因素，提高学生探索问题、发现问题、分析问题、解决问题以及合作学习等方面的能力。在考虑开发成本的前提下突出重点，精心选择那些对学生终身发展具有决定意义的体育课程资源，使之优先得到开发。体育教师要具有创新的精神，善于吸收、加工、储存、应用信息能力，不断地学习新知识，更新知识结构，为体育课程资源开发奠定理论基础。通过体育课程资源开发，培养学生的运动兴趣和运动能力，促进学生身体、心理健康水平和社会适应能力的发展，培养适应我国社会发展的高素质人才。

四、体育课程资源开发的主体

（一）体育专家与学者

体育教学领域内的专家和学者是体育教学资源开发的宝贵财富，他们具有丰富的专业知识和经验，具有较高的创新精神和水平，他们对我国体育教学领域内的问题有着深刻的认识，因此应该积极发挥他们的作用，提高体育课程资源开发的高度和专业性。

（二）体育教师

体育教师是体育课程的具体实施者和操作者，因此，他们是体育课程开发的主导者，体育教师要充分利用体育教材、学校体育设施条件和课外体育活动的资源，根据学生的需求，充分进行体育课程资源的开发与利用。

（三）学生

学生作为体育教学的主体要素，是实现体育教学目标的决定因素，体育课程资源的开发和利用，离不开学生的参与。学生的身体素质，运动技能水平，以及体育兴趣等都决定着体育课程开发的基础，学生的学习方式对体育课程的选择具有一定的决定作用。

五、体育课程资源开发的流程

体育课程资源的开发一般要经过以下几个流程。

（一）进行选择

选择指的是从许多体育课程资源中对要在课程上实施的课程资源进行挑选，具体包括以下几方面。

（1）对开设的体育课程或教育活动进行选择；

（2）对教材、教辅资料等进行选择；

（3）选择重难点课程内容以及用于不同体育教学活动的课程内容。

（二）适当删减

删减指的是将体育教材中与学生实际或社会发展需求不符的内容删除。因为编写教材需要很长的时间，而且编写者的知识储备、经验及思维都有局限，所以在编写教材的过程中难免会出现一些内容与学生实际不符合，教师要根据现实情况及时删除这些内容，保证教材的与时俱进。

（三）适当补充

补充指的是将补充性资料融入国家或地方的体育课程内容中，以便对国家或地方课程内容进行更充分有效的实施。

（四）进行改编

改编主要指的是局部或少量地修改国家或地方体育课程内容中的不合适之处，使教材内容与特定的教育情境相符。

（五）进行重组

重组指的是改变或调整体育教材内容结构。这种调整包括以下两个方面的内容。

（1）改变与调整同一本体育教材内部的内容结构。

（2）调整不同阶段体育教材内容的次序。

（六）适当整合

整合会涉及调整教材结构的问题，但这种结构重组比较特殊，是指整合不同单元或不同学科中性质相似或相关的内容，从而进行延展性教学。整合的形式有以下两种。

（1）整合不同单元的内容。

（2）整合不同学科、不同年级的教材内容。

六、体育课程资源开发的途径

（一）对竞技体育项目进行改造

在现代体育课程中，竞技体育项目已经成为其中的主要部分，因此，应该积极对竞技体育项目进行改造。在进行项目改造时，应该按照体育教学的特点、规律、目标与要求，使之符合体育课程的一般特点与条件，并根据学生的体育兴趣和身心发展特点，改造出学生真正喜欢的体育教学课程。

（二）对新兴运动项目进行改造

随着国际大众体育的不断发展，越来越多的新兴体育项目进入到我国，它们往往具有一定的新颖性和趣味性，完全符合大学生的心理特点，因此，将新兴运动项目引入到高校体育教学中，必将大大丰富体育课程资源，给高校体育教学注入新的活力。但是，由于新兴运动项目大都起源于西方发达国家，很多项目的开展需要特殊的运动设施或场地条件，有一些项目还存在一定的安全隐患。对新兴项目的普适化改造，必须根据学校现有的场地器材条件，运用现代新兴运动项目的规则、原理及方法，设计相近的教学内容，使其在高校体育教学中具有广泛适用性和实效性。

（三）对民族传统体育项目进行改造

民族传统体育项目是我国的宝贵财富，如蒙古族的摔跤、藏族的歌舞、维吾尔族的舞蹈、朝鲜族的荡秋千、壮族的抛绣球、苗族的爬坡杆以及汉族民间的推铁环、放风筝、踢毽子（现已发展为踢球）等，这些都深受各族人民的喜爱。在进行体育课程资源开发时，应该积极对这些项目进行改造和利用，开发出适合当地体育教学的新内容。

第三节 设计教学方案

一、有效体育教学方案设计的概念

有效体育教学方案设计指的是以提高体育教学有效性为目的，运用系统方法，通过对体育教学目标进行分析，对合理有效的体育教学环境和学习环境进行创造，将解决体育教学问题的策略、评价体育教学结果的规划确定下来并形成系统方案的过程。

二、有效体育教学方案设计的要素

学习者、目标内容、教学策略、教学评价是有效体育教学方案设计的基本要素。四个要素的核心含义分别是谁学习、学什么、采用什么策略学、学习效果怎么样。

三、有效体育教学方案设计的原则

（一）目标性导向原则

目标性导向原则是指体育教学方案设计必须紧扣体育教学目标，所有教学环节的设计都以目标为导向，体育教学方案设计方案要保证实施过程的教学行为与目标保持一致。体育教学目标由体育与健康课程目标所决定。体育教学的目的就是帮助学生如何从起始状态达到目标状态。因此，体育教学方案设计的每一个环节、每一个步骤都要考虑对教学目标的实现的功能和作用效果。

（二）灵活性原则

灵活性原则是指体育教学方案设计必须针对不同的课型、不同的学生、不同的教学条件进行不同的设计。体育教学目标的多元化、体育教材的特殊性和各地区、各个学校体育器材、设施条件的差异性决定了体育课类型、模式结构的多样性和体育教学方案设计的灵活性。一方面，体育教学活动受外界环境的影响较大，如场地、季节、气候等影响；另一方面，体育教学过程中师生、学生之间人际交往复杂，角色不断发生变化。体育教学系统的动态性表现为体育系统处于不断的变化和发展之中。此外，学生的身体、心理也在不停地变化，所以体育教学方案设计方案应充分遵循灵活性原则。

（三）可操作性原则

可操作性原则是指体育教学方案设计应在体育教学具体实施过程中具备便捷、实用、低耗、高效的特点。体育教学方案设计就是对体育教学实践方案进行设计，而体育教学实践方案则是用于指导具体教学活动的文件。因此，体育教学方案设计的可操作性是体育教学方案设计的最终目的，主要是为了提高体育教学效率。

体育教学方案设计要具有可操作性，在设计过程中，不能生搬硬套教科书上的案例和模式，要在进行体育教学背景分析的基础上，制定切合自己学校及班级特点的教学目标，安排与现有教学条件相适应的、可操作的教学内容。因此，体育教学方案设计的过程必须是可操作的，如果教学设计的过程难于付诸实践，那么教学设计就失去了意义。

（四）趣味性原则

趣味性原则是指对于一次课的教学设计必须是让学生感到乐学且充满兴趣的。教师在进行教学设计时，都要时刻铭记设计的教学内容要有一定的趣味性。现代学习论认为影响学生学习的因素不仅指智力因素，还指非智力因素，如动机、兴趣、情感和态度等。同时，体育课程大多起源于各种游戏。因此，体育教学方案设计具有趣味性特点。

做到体育教学方案设计的趣味性原则，需要注意以下几点。首先，教师应了解学生的兴趣，并在此基础上针对个体的不同兴趣，来选择和安排多样化的教学内容。其次，教师在分析教学内容过程中，要巧妙设计符合学生兴趣的接受方式和教学方法，同时对一些枯燥和技能性较强的内容通过适当的加工、改造以满足学生的需要。再次，认真分析教学内容的特性，不同的教学内容其趣味性的种类也不同，不能把趣味性简单地理解为学生们高兴，而是要通过学生获得成功后的满足体现出来。

四、有效体育教学方案设计的特点

（一）一定的超前性

体育教学方案设计是为教学实践活动做准备的，对教学实践活动具有指导作用，因此体育教学方案设计是一种对教学活动中可能出现的一切问题和情况进行的预测，从本质上讲，体育教学方案设计是对即将进行的体育教学中可能产生的问题进行分析，并根据体育教育、教学理论和学生的学习需求针对教学活动中可能发生的问题提出解决方法的一种构想，是体育教师在进行体育教学之前对体育教学所做的安排或策划。简单地说就是"体育教学方案设计在前，体育教学在后"。因此，体育教学方案设计具有一定的超前性。

举例说明，体育教师上体育课前应该先设计出该体育课的教学方案。当然，体育教学方案设计只是体育教学活动的一种设想和预测，它虽然考虑了影响解决新问题的各种因素，但还没有开始实施。

（二）一定的创造性

受体育教学多元化目标、体育教材多功能性、体育教学方法手段多样性以及这些要素之间复杂关系的影响，体育教学过程具有复杂性和不确定性的特点。因此，体育教学方案设计必须创造性地解决教学实践中可能出现的一切问题，也就是说体育教学方案设计具有创造性。

现代体育教学是动态的、非线性的、复杂的，体育教师在教学活动之前想完全控制和使之按照既定的计划发生、发展是不现实的。现代体育教学方案设计认为，体育教学富于变化的特性并非缺点，这种特性性恰恰体现了体育教学的本质，为体育教学方案设计提供了创造性设计的空间。因此，体育教学过程是发展学生创造能力和培养教师创新精神的过程。

五、有效体育教学方案设计的步骤

（一）分析学生

设计有效体育教学方案，第一步是分析学生，有效体育教学方案设计是否有效，直接由该环节决定。但是很多设计者都比较容易忽视这一环节。这主要是由于教育者一直以来普遍认为学习者是教学活动的客体，所以没有真正地关心学习者自身的特征。实际上，判断教学方案是否有效，要看其是否针对学生的个性特点而设计，是否与学生的学习能力相符，是否能够使学生的学习需求得到满足。所以，有效体育教学的前提是分析学生。

对于有效体育教学方案设计来说，最理想的状态莫过于穷尽学生的各种学习相关特征，但在实际操作中对每种影响因素都进行分析的可能性较小。所以一般在进行学生分析的过程中，要把对教学方案设计影响较大的因素作为重点分析对象，如分析学生的一般特征、分析学生的初始能力、分析学生的学习风格。

（二）陈述体育教学目标

陈述教学目标时，要涉及教学对象、教学行为、教学条件以及教学程度四个要素，对这四个要素的陈述具体如下。

1. 教学对象陈述

在对象陈述中，要明确指出通过体育教学，希望谁的知识和能力能够提高，即要对体育教学目标的行为主体——学习者进行明确阐述。教学目标能够为学生的学习活动提供方向和引导，评价学生的学习效果时，教学目标是必须参考的一个依据，因此在教学目标陈述中，首先要确定通过教学使谁发生变化。

需要注意的是，教学目标陈述不是对教师的教学工作进行评价，而是对学生的学习进行评价，评价在教师的教学引导下，学生是否达到了良好的学习效果。所以，学生是教学目标陈述的行为主体，在表述教学目标对象时，要清楚说明学生的基本特征。

2. 教学行为陈述

行为陈述主要是说明学生在教学活动中应该获得怎样的学习结果。因为学习内容不同，所以学习成果可能是多样的，包括兴趣的培养、新知识与新技能的获得等。促进学生发展是教学的根本目的，因此行为陈述不是对教师教学行为的描述，而是明确描述学生通过学习应达到的成果。在行为陈述中，需要注意以下两点。

（1）不能将行为陈述表达为"通过教学，使学生能够……"等类似语句。这些语句是从教师角度出发描述的，行为主体是教师而非学生。

（2）行为陈述的描述要有可操作性，要能够测量某些知识能力目标。不要采用笼统模糊的表达，要在质和量上做出具体规定，以便准确评价学生的学习结果。

要提高体育教学目标的可操作性，提高教学目标评价的准确性，需要尽可能精确地进行行为陈述。要准确运用可操作性强的动词来描述，描述的学生行为必须是可观察的、可测量的。

3. 教学条件陈述

条件陈述主要是对学生在产生学习结果时所处的情境进行描述，表达的是学生的行为在什么条件下产生、可以在什么情况下进行评价。如果学习条件不明确，那么将难以评价学生最终的学习结果，而且在评价中会遇到各种条件问题，如环境、设备、时间等。在条件陈述中，主要是对以下几类条件进行陈述。

（1）陈述时间和次数限制的条件。

（2）陈述行为发生的情境条件。

（3）陈述有提示信息的条件。

（4）陈述实用工具或辅助手段的条件。

4. 教学程度陈述

教学程度陈述主要是对学生在教学后发生的行为变化的最低程度标准的描述。在程度陈述中，需要按照一定的评价标准来陈述与目标有关的学生的行为状况，程度陈述在学生学习结果评价和学习表现评价中都可以使用，其能够提高教学目标的可测量性。程度陈述并非对学生应该学习什么进行限制，而是对什么样的学生在什么条件下应达到的最低标准进行的表述。如有多种途径可以解决一个问题，学生通过学习应能使用不同方法来解决同一问题。此外，在设计体育教学目标的过程中，教师要鼓励学生制定适合自己的学习目标，以促进学生学习积极性的提高。

（三）选择体育教学方法和媒体材料

确定体育教学目标后，要选择体育教学方法和媒体材料。

（1）按设计的教学目标确定相应的教学方法。

（2）选择与教学方法相配套的媒体形式。

（3）按特定媒体形式，对所需的教学材料进行选择、修改或设计。

（四）使用媒体教学材料

在体育教学方案设计中，做出准确合理的媒体选择，以适当的方式应用媒体材料，这样才能充分发挥媒体材料的作用。所以，设计者在对媒体材料进行选择和设计时，要将所选媒体材料的使用方式明确下来，并规划如何在体育教学中使用媒体材料，以取得有效的教学效果。

现代体育教学强调以学生为中心，所以选择的媒体材料不仅是为教师的教提供方便，也是为学生的学提供学习内容。所以，在体育教学方案设计中必须考虑如何引导与帮助学生正确使用媒体材料的问题。

在设计体育教学方案时，可按照以下步骤使用媒体材料。

（1）预览媒体材料。

（2）准备教学材料。

（3）准备教学环境。

（4）学生做好准备。

（5）提供学习体验。

（五）要求学生参与

让学生按照教学目标的需要，积极参与学习，在适宜的环境中提高学生的认知能力，这才是最有效的学习。所以，设计有效体育教学方案时，要考虑采用什么方法能够将学生的学习兴趣调动起来，使其参与学习的水平得到提高。

学生参与学习的形式有很多，常见的形式见表 2-3。

表 2-3 学生参与学习的形式

参与形式	具体方法
个体参与	独立完成作业
	运动技能训练
	个人作品创作
	撰写论文
	练习器乐演奏等
小组参与	小组讨论沟通
	分工或合作进行数据的收集整理
	学习成果共享等
班级参与	集体练习
	分享经验

方案设计者在决定使用什么形式促进学生参与学习活动时，可以先了解学生倾向哪种形式，了解学生对不同形式的了解程度与熟练程度，然后依据了解的信息、教学内容、教学目标等来设计学习参与形式。教师了解信息的方法有调查、观察和访谈等。

（六）进行评价与修改

在有效体育教学方案设计中，评价与修正是最后阶段，这一环节非常重要，直接影响教学的有效性。评价与修改包括以下两方面的内容。

（1）设想与规划评判教学活动是否有效完成、学生是否达成预期学习目标等的方法与标准。

（2）判断有效体育教学方案设计本身的合理性和有效性，并加以修正和完善。

第四节 组织与管理课程教学活动

一、体育课程环境的组织与管理

（一）创建有效的课程物理环境

1.课程物理环境的概念

课程物理环境指的是对课程教学活动产生影响的物质性因素及其安排。物理环境能够为课程教学提供物质性背景、支持条件等。

班级学生数量、座位安排、教学资料与设备的摆放、教室环境布置等是课程教学物理环境的主要内容。

2.课程物理环境的功能

课程物理环境具有以下几方面的功能。

（1）对学生在课程上的活动空间有影响。

（2）对教学活动类型的选用有影响。

（3）对教学活动时的心理状态有影响等。

（4）对教学交流的效果有影响。

3.课程物理环境创建的具体要求

在体育课程教学管理中，对物理环境进行创设，需要满足以下要求。

（1）要能够为教学的顺利开展提供方便，如要能够很容易地取放材料、方便操作设备、有效地组织小组合作等。

（2）要为师生广泛而深入的互动交流提供方便，如教师要能够在教室里自由走动、学生活动起来很方便等。

（3）要使学生有舒适、安全感，避免因设备摆放不合理而导致学生受伤。

（二）营造良好的课程心理环境

1.课程心理环境的概念

课程心理环境指的是影响学生在课程上学习的心理气氛，良好的课程心理环境需要整个班级的成员共同营造。心理环境是影响体育课程教学效果的隐性因素，先对学生的心理状态产生影响，进而对教学活动与效果产生影响。

2.营造课程心理环境的基本要求

营造良好的课程心理环境需要满足以下几个要求。

（1）课程心理环境应自在、安全。

（2）课程心理环境应让人感到和谐。

（3）课程心理环境应有吸引力和魅力。

3.营造良好课程心理环境的方法

在体育课程环境管理中，可以通过以下几种方法来营造良好的课程心理环境。

（1）建立科学、民主的课程管理制度。课程管理制度要明确规定哪些行为合理，哪些行为不合理。它能对学生的行为进行约束，同时能够预测学生的行为。因此，科学、民主的课程管理制度不但可以使学生的行为达到规范程度，而且对学生心理安全感的获得也有积极的促进作用。

（2）对学生的主人翁意识和关怀意识进行培养，使学生树立集体主义观念，关怀其他学生，同时获得其他学生的关怀。

（3）建立平等、和谐的人际关系。这是营造良好课程心理环境的一个主要目标，良好的人际关系能够提升学生的安全感与归属感，使学生感觉自己是被支持与鼓励的。

（三）课程环境管理中的座位安排

在体育课程环境管理中，关于座位的安排应高度重视，这主要指的是在体育理论课的教学中，因为体育实践课教学一般在户外或者体育馆进行，学生大都是站着的。课程座位的安排形式也是教学空间的组织形式，它对师生之间的相互作用、学生学习的积极性都有重要的影响。目前，我国体育理论课课程教学中常见的座位安排方式有以下几种。

1.传统排列方式

这种排列方式在教师集体讲授中最适合采用，学生借助听觉与视觉来获得学习信息。这种座位排列方式使教师高高在上，完全掌握了课程上的话语权，增添了学生的认同和畏惧心理，不利于学生自由发表意见。

2.马蹄形排列方式

马蹄形（U形）排列方式使教师更方便观察学生的学习情况，同时也使教师方便为学生提供帮助，对教师控制整个课程教学有积极的意义。中间的空间方便教师和学生走动，也方便教师示范动作。这种排列方式能够使师生之间的交流进一步加深，对问题讨论、动作示范都有好处，可以使师生在课程上各自的作用得到充分发挥

3. 开放排列方式

开放式的座位排列方式更能够促进体育教学过程中师生的有效交流，常见的开放式座位排列方式有以下几种。

（1）"品"字形

教师按"品"字形来排列学生的座位，这样的排列增加了课桌之间的空隙，教师在各个小组之间的走动比较方便，可以使教师及时了解学生的学习情况、学习问题等，并有效加以解决。此外，这种布局对学生之间的合作学习也有积极的作用，可以使学生互相接触的机会大大增加，使他们相互了解彼此，进而更好地合作与讨论，这样学生的约束感就会降低，学习效率和交往能力能够有效提高。

（2）小组式

在体育理论教学课上，教师将学生分成若干组，每组 4~6 名学生，同一组的成员围坐在一起。这种排列能够拉近小组成员之间的距离，方便他们讨论与合作，使他们共同解决问题，同时有利于培养小组成员的合作意识和团队协作能力。

（3）圆形

班级成员围成一个圆形而坐，每个学生都能看到其他学生，教师处在圆的中心教学，这样的排列方式没有主次之分，每个学生都是平等的，教师可以观察到每个学生的学习情况，从而及时帮助学生解决学习中的问题。

二、体育课程教学活动中学生的组织与管理

（一）学生体质健康的组织与管理

学校体育教学的主要任务是增强学生体质、促进学生健康。作为国家的未来，学生的体质是否健康，对学校培养人才的质量造成直接影响。目前，我国大学生的体质状况令人担忧，多项体质健康指标不断下降，这一普遍现象应引起学校体育部门的高度关注，必须采取措施加强学生体质与健康管理。学生体质与健康管理应做好如下几方面的工作。

1. 健全组织机构

在学校体育部门领导下，应该成立体育学院或体育系为主导，其他部门协同配合的组织结构，按照国家规定对学生进行体质健康检查，并将体质健康纳入学生的综合评价当中，督促学生进行体育锻炼。

2. 建立管理制度

根据《学校体育工作条例》和《高等学校体育工作基本标准》的有关规定，学校应当

建立健全学生健康管理制度。此外，还要针对体弱、伤残的学生建立专门的体育活动制度，开设体弱、伤残体育与保健康复体育课，做好这类学生的体质健康管理工作。

3. 加强健康教育

学校有关部门与工作者要积极向学生宣传教育有关体质健康方面的知识，如宣传清洁卫生和良好的生活习惯、宣传疾病意外伤害的预防、宣传营养与膳食卫生、宣传公共卫生与环境、宣传心理卫生等方面的科学知识。必要时开设健康体育课程对学生进行宣传教育。

4. 开展检查评估

要经常性检查与评估学生的体质与健康，并深入分析研究全体学生的体质与健康状况，根据评估与研究结果开展宣传教育，采取有效措施，促使学生养成良好的卫生习惯，促进学生身体健康。

（二）体育课程纪律管理

体育课程教学效果的好坏与课程纪律管理息息相关，上好体育课的一个重要环节之一就是加强对学生的课程管理，严格管理体育课程纪律要从以下几方面着手。

1. 严格要求学生

教师应从以下几个方面严格要求学生。

（1）体育课不准迟到、早退。

（2）体育课上学生一定要穿运动服装。

（3）不要在体育课上带危险品，例如小刀、镜子等。

（4）积极练习教师所教授的动作。

（5）学生之间要团结友爱，互相帮助。

2. 管好体育课堂纪律

要管好体育课堂纪律，主要做好两个方面的工作。

（1）在体育课中，教师要使学生养成良好的自觉学习的习惯。

（2）体育教师与学生应该注意言行举止，相关部门要积极配合，将课程纪律组织好。

为了保证良好的课堂纪律，在体育课上结束教学任务后，体育教师总结学生的表现，总结的方式主要是评比。评比有利于促使学生遵守课堂纪律，保证体育课堂教学活动的有序进行。

3. 做好体育干部的培养工作

体育教师的工作是比较繁忙的，因此有时候无暇顾及学生的纪律，因此要培养体育骨干，及时表扬骨干学生，充分发挥骨干对学生的号召作用，体育干部协助教师共同保证体育课的有序进行。

4.体育教学层次要明确

教师在教学过程中需要制定明确的教学目标，制定依据之一就是学生不同的身体素质情况，这体现了因材施教的原则。依据学生的具体情况制定目标有利于学生较容易地获得成功，从而激发学生的学习兴趣，调动学生学习的积极性，这样才能保证良好的课堂纪律。

（三）学生课外体育活动的组织与管理

学生课外体育活动管理是指"通过开展课外体育活动来满足学生体育需要，激发学生参加体育活动动机，并对学生的体育运动方式、练习内容进行指导，对体育习惯进行诱导，整合高校人、财、物、时间、信息的功能，创造有益于学生开展体育活动的环境条件，促使学生体育活动可持续发展，达到增强学生体质，提高体育文化素质，促进学生身心和谐发展的目的。"学生课外体育活动管理原则主要包括需要性原则、多样性原则、可行性原则。

1.需要性原则

个人由于没有拥有某种东西而感到不满就是需要，需要会引起人的活动，主要方式是使人产生对某种东西的愿望，从而产生一定的推动力量。竞争性、娱乐性、促进身心发展等是体育运动的鲜明特点。大学生参加课外体育活动主要是自身的需要，例如，提高技术水平、增强身体素质、实现自我、交流沟通和娱乐放松等方面的需要。

2.多样性原则

学生参加课外体育活动大都是自觉的，依据各自的爱好选择锻炼项目。因此，体育教师在安排课外体育活动项目时，要以不同学生的实际需求为依据，选择一些既有利于促进学生健康，又在学生接受范围之内的终身体育项目。如，体操、健美操、篮球、羽毛球、游泳等项目。

3.可行性原则

课外体育活动项目的安排一方面要充分考虑学生的实际需求，另一方面也要结合学校的运动场地、器材、设备等实际条件进行安排。随着社会进步与经济的不断发展，大学生已逐步认识到体育锻炼的重要性，体育锻炼是一种健康投资，因此高校体育锻炼的基础设施条件必将得到改善。

（四）体育课堂组织与管理的方法

1.奖惩法

奖惩法是指在体育教学中运用表扬、奖励先进学生，批评、惩罚落后学生的方式来管理学生的方法。奖惩法是鼓励学生高效完成学习任务，提高学习质量的有效措施。体育教学中正确地运用奖惩法应注意以下两点。

（1）要全面实行表彰和奖励。全面实行表彰和奖励具体包含两个方面的含义。第一，要表彰和奖励在课堂上表现突出或在各种竞赛活动中获得良好成绩与进步的学生；第二，要表彰和奖励在增强学生体质、健康方面发挥积极作用的学生。

（2）奖励与惩罚相结合。奖励和惩罚相结合也就是赏罚要分明，在表扬和奖励学生的同时，也要正确地运用批评和惩罚的方法惩戒学生。

2.隐性管理法

隐性管理法指的是教师以课时计划为依据，除控制教学目标、教学过程和教学效果之外，间接影响和控制学生心理状态和行为的方法。在体育课堂教学中，倘若体育教师可以很好地运用隐性管理的方法，就会不知不觉地影响学生的课堂表现，从而顺利完成体育教学任务。通常，体育课堂中隐性管理法有以下几种具体方式。

（1）动作启发法

体育课堂上，学生可以感知体育教师传达出的各种信号，主要包括表情、手势、站立姿势等方面。

①表情

体育教师在课堂上表现出的面部表情也具有一定的引导作用。例如，教师如果鼓励学生，或者满怀希望，就会有希望式的微笑或点头；教师如果赞扬与喜爱学生，就会有满意的微笑或点头，学生接受教师的表情信号后，就会按着教师期望的方向有所表现，这样的教学效果会较好。

②手势

体育教师手势的主要作用是言而有信、传递信号。如果体育教师能够在体育课堂上运用手势，就有利于体育课堂教学活动的进行。体育教师的手势能够合理引导学生的思想意识，可以紧密联系手势的含义和学生的接受意向，从而使学生在体育课堂中能够按照教师所引导的方向去听课。

③站立姿势

体育教师的站立姿势，与学生的距离长远等现象也会对学生的注意力有所吸引，从而能很好地组织课堂教学。

（2）情感交流法

体育教学过程中，有些学生会害怕上体育课或者厌恶上体育课。因此在体育课上表现不够积极，经常会做小动作、窃窃私语、左顾右盼或没有精神。学生之所以产生厌学的情绪，原因有很多，教师在课堂上讲课缺乏"情"是主要原因之一。倘若一个体育教师在课堂上向学生毫无感情地传授知识，不与学生进行情感交流，课堂效果是不好的。因此，教师在体育课堂上要学着与学生进行情感上的交流，这才能更好地实现体育教学计划，完成体育教学任务。例如，在一堂课的开始，体育教师要积极带动课堂气氛；结束一堂课的教学后，教师自然轻松的心情可以给学生带来积极的影响。

（3）视觉暗示法

体育课堂管理信息的主要形式之一是输入视觉信号。在体育课开始之前，学生集体来到教学地点，这时学生的心情难以平静，有的学生还没有从课前的嬉笑打闹之中完全走出来，有的学生还在回味课前的谈话而无法集中精神。学生抱着这些心态上体育课，是难以取得理想的教学效果的。这时，体育教师要通过视觉来暗示学生集中注意力，用眼神扫视全班学生，使他们分散的注意力集中到体育课上。在讲解体育知识或技能时，教师要向学生投去希望的目光，注意用目光关心每一个学生。如果有学生开始走神，教师要把目光集中在这个学生身上，学生就会有一种警觉的心理，开始集中精神听课。由此可见，教师可以用眼神传递想要表达的信息，使学生集中精神上好体育课。

（4）语气引导法

输入听觉信号也是体育课堂管理信息的一种主要形式。体育课堂教学中，体育教师可以按照所要表达的意思自由组合声音的音量、音质、声调、语速和节奏，充分结合声音的声、情、色，并通过语气表达出来，用不同的语气诱导学生的课堂行为。学生可以从教师的说话语气中听说话外音，及时改正自己的不恰当行为。体育教师在用讲解法授课时，应该抑扬顿挫，该详细则详细，该精讲则精讲，该舒缓则舒缓，该加快则加快，该拔高则拔高，该降低则降低。有时，对于重点、关键技术可以通过反复加重语气来导航。语气引导还体现在教师恰到好处地运用停顿，让学生体味。当然，停顿不能太久。体育课堂教学中，体育教师传授知识的主要方式是身体行为和语言。而情感、动作、语气、视觉等都能起到管理课堂教学的作用，都会对学生的不恰当行为有纠正作用，从而帮助教师顺利完成体育课堂教学。

3. 柔性管理法

柔性管理指的是在对人们的行为和心理进行研究的基础上，运用非强制性的方法将潜在的影响施加到人的心理上，从而将管理者的原本意图转化为人们的自觉行为，被管理者就转变为管理主体。

（1）个体重于群体

由于若干个体才能组成一个群体，因此柔性管理将个体看得很重。不同学生都会有不尽相同的需求、兴趣、性格、爱好与身体素质，因此教学中要做到因材施教，防止片面教学。

素质教育的主要特征是对学生的人格表示尊重，对学生的个体差异表示承认，将学生的个性重视起来。现在很多学校都有个性化的教学组织形式，例如，专项教学、分级教学等。这些组织形式是以学生的特长、兴趣、身体素质为依据实施的。以个人或小组进行教学有利于为学生提供自由空间。

还有一种教学形式是运动处方教学，这一教学方式充分体现了体育教学的针对性原则。主要实施方法是在体育课结束后，学生积极反馈体育学习情况、身体反应、学习中体会以及对教学的建议，教师对这些反馈进行认真分析与评价，然后对运动处方进行修改。这一教学方式有利于学生认识并掌握合理的、对自己有利的锻炼方法和评价方法。

（2）内在重于外在

体育教学中管理学生的形式有以下两种。

①外在管理。例如，教学要求、课堂纪律与课堂要求等。外在管理形式具有一定的强制性。

②内在管理。例如，投入感情、说服教育、激发鼓励等。影响学生的方式是潜在的，可将教学目标转化为学生的自觉行为。

驱动学生学习是内在管理的核心，就是在一定条件下，将学生的心理因素转化成为学生学习体育的内在动机。主要心理因素有好胜心、好奇心、自尊心、上进心、荣誉感、自我实现需求等。这种内因动机具有强度大、维持时间长、效果明显等特点。在体育教学过程中，教师要学会善于引导学生学习，积极鼓励学生主动学习。

（3）肯定重于否定

柔性管理方法更加注重对学生的肯定。因为学生需要被别人尊重，需要教师鼓励、支持、认可、表扬自己，如果学生的这些需求没有得到一定的满足，自卑感、软弱感和无能感就会油然而生。因此，体育教师在对学生进行评价时，要注意多肯定学生的优点，学生的自尊需求得到满足，就会转化为促进自己学习的动力。对学生的失败教师要给予安慰与鼓励，使学生不会产生被嫌弃的感觉。运用柔性管理方法要注意以下两个问题。

①注意与刚性管理相结合

刚性管理方法带有一定的强制性。刚性管理有利于体育教学过程的顺利进行，在体育教学评价时也有统一规范的评价指标，这种管理方法具有明确的管理目标和较强的操作性。

但是容易也具有固定化和简单化的管理缺陷。柔性管理方法可以弥补这个缺陷，应充分结合二者进行管理。

②认识柔性管理效果的滞后性

运用刚性管理方法时，教师的管理意志同步于学生的具体执行。但是运用柔性管理方法时，学生的具体执行明显比教师的意志落后。

4. 行政领导法

行政领导法是学生体育管理中最普遍、最常用的方法。它是依靠行政组织，采用行政手段，按照行政方式来管理学生的方法。即各级教育、体育行政部门依靠自身的权力、权威，通过向所属各部门、单位下达各种指令性信息，如命令、指示、规定、计划等，对其进行指导与控制，即实施管理。在体育行政管理中，因领导者对学生体育工作的重视程度不同，会直接影响到学生体育管理水平和质量。因此，一定要挑选对教育方针理解全面，事业心强的同志担任这方面的领导工作。正确运用行政领导法，主要应注意以下两点。

（1）下达任务与检查落实紧密结合

下达任务与检查落实紧密结合是指必须遵循发布指令，组织实施，检查督促，协调处理的基本程序进行。做到不仅下达任务，而且重视检查落实，及时发现问题，解决问题。

（2）教育、体育各部门应相互尊重，团结协作

由于学生受教育和体育两大部门的双重领导，这两个部门之间能否相互尊重，相互协作，能否在人、财、物等方面合理分担，在很大程度上决定着行政领导法的运用效果，直接影响着学生体育工作的顺利开展。因此，既不要造成让下级为难、无所适从的局面，也不要造成无人过问、听之任之的局面。大量的事实证明，凡是教育、体育部门配合得较好的地区和单位，学生管理工作就有起色；凡是互相扯皮，推诿责任的，学生体育管理就混乱、学生管理工作就难以得到正常开展。

5. 宣传教育法

体育宣传不仅是学生管理工作中的一个重要组成部分和学生体育管理的内容之一，而且其本身又是学生管理工作中的一种重要管理方法。通过宣传教育，既可激发学生参加体育活动的热情，指导学生自觉、科学地锻炼身体，还可调动学生管理工作各方面的积极性，从而推动学生管理工作的广泛开展。实践证明，对有关学生体育的方针、政策、规章制度等执行得好坏，与对其所作的宣传是否得力有关。尤其对正处于受教育期的大学生来说，只有加强对他们的体育宣传教育，才能取得更好的效果。因此，要通过班会、周会、板报、墙报、电视、广播、期刊报纸以及各种类型的体育娱乐、竞赛与表演活动等，大力进行体育宣传，教育学生积极参加体育锻炼，促使有关领导、管理人员和广大教职工重视学生体

育管理工作，关心学生的健康成长。

第五节　评价学习效果

一、体育学习效果评价的要求

（一）要明确评价的目标

进行体育学习效果的评价，首先要确定评价目标，这是评价的基础，也是评价的必要条件。明确陈述评价目标，可以对教学目标的达成程度有一个清楚的了解，从而更好地规划评价工作，一步步向预期的评价目标靠近。确立有效体育课程教学成效的评价目标，需要按以下两个步骤进行。

（1）一般性目标的确立。明确体育课程标准中学生不同学习阶段的目标。

（2）个性化目标的确立。一般性目标为所有学生的学习提供了指南与方向，而个性化目标主要是立足于实际和学生的个体差异设计的，这种目标更具体，与不同学生个体的实际情况更符合，而且这样的评价目标更有利于每个学生都真正发挥自己的作用，达到预期的学习成果。

学校不应该设计对学生进行彼此比较的评价程序，试图区分有能力的学生和没有能力的学生，而应该制定适合不同学生的特定目标，并依据学生在学习中达到个性目标的程度来对学生进行评价。总之，只有评价目标明确、清晰，才能发挥教学评价的作用。

（二）评价主体要多元化

参与教学成效的评价互动，并依据一定标准从价值层面判断评价客体的个人或团体就是评价主体。有效体育教学成效的评价主体除了教师外，还有学校管理人员、家长、学生、专业评价机构、教育决策机构以及其他有关人员等，这就体现了评价主体的多元性。评价主体充分发挥自己的作用，可以提高评价结果的客观真实性，并将学生的学习积极性激发出来。

提倡评价主体的多元性，也就是提倡主体取向的评价，主张在评价活动中，评价者和被评价者是平等的，评价主体对自己的行为能够进行自觉的克制与反省，并不需要外部力量督促和控制。主体取向的评价重视民主参与、共同协商，因此，这种取向的评价具有价值多元、尊重差异等特征。

以学生为主体的评价包括学生对教师的评价、学生自评、学生互评。这些方式都能够使学生掌握评价的权利，让学生在评价中学会交流、学习，实现新的发展。

（三）评价内容要全面

在评价学生的学习时，不仅要看学生的体育知识水平和技能是否提高，而且还要从情感、态度和价值观等方面进行全方位的评价。不可能所有学生经过体育学习后都会取得优异的成绩，有的学生虽然考试成绩不理想，但其思想品德良好，学习态度积极，价值观正确，这就应该予以好的评价，进行表扬，从而增强学生的自信，使学生想办法提高自己的学习成绩，获得全面的发展。因此，在有效的体育教学成效评价中，应从多方面出发进行综合全面的评价，促进学生各方面素质的全面协调发展。

（四）评价方式要多元化

有效课程教学成效的评价方式应该满足多样化的要求，尽可能对体育教学成效进行综合性、全方位的评价。在传统的评价中，一般只是通过考试来评价学生，这样的评价结果比较片面，无法达到预期的评价目标。事实上，除考试方式外，技能比赛、交流展示等也是评价学生体育学习的重要方式，这也是评价多元化的重要反映。

在体育教学成效评价中，要以体育教学目标、体育课程为依据而采取不同的评价方式，从而完成不同的评价任务，解决更多的评价问题，充分发挥评价的作用与功能，使教师通过评价更好地组织有效体育教学，提高学生的学习效果，促进学生的发展。

二、体育学习效果评价的策略

（一）自主性评价策略

自主性评价是有效体育教学评价的一种策略，能够充分激发学生学习的自主性。学生在原有自我认识的基础上，依据一定的评价指标和标准判断自身经过学习后在某方面取得的发展或整体的发展。为了更好地实施自主性评价策略，需从以下几方面着手。

1.给学生提供自主评价的机会

有效体育教学评价注重评价主体的多元化，而且评价不能"一刀切"，应使学生有选择余地，我们往往有不同的方案可以解决同一问题，所以不能规定得太死，学生可以自己选择表现自己所学的形式。这样才能真正体现学生在体育学习中的主人翁地位，才能促进学生的个性化发展。因此，教师应给学生提供机会使其进行自主评价，使学生真正成为评价的主体，真正拥有评价的权利，并通过评价认识自己，积极完善自己。在学生自主评价中，教师应该从以下几方面给予支持和鼓励。

（1）激发学生参与评价的兴趣。

（2）给学生留有足够的评价时间和空间，以便学生可以认真思考、讨论和评价。

（3）教师要善于倾听，充分尊重和理解学生，与学生友好地交流，发挥自己的引导作用。

2. 培养学生自主评价的能力

让学生进行自主评价，并不是说教师的作用就不重要了，事实上，这恰恰对教师提出了更高的要求，教师要以学生的自主评价结果为依据来对学生进行引导，而且因为学生之间存在明显的个体差异，所以教师的引导与指导就有了一定的难度。再者，教师只有长期培养学生的评价意识与能力，才能使学生拥有能力完成自主评价，教师要积极有效地引导学生进行自主评价，使学生对评价的方向有所明确，将评价的方法和要领教给学生，使学生逐步形成自主评价的能力。

在体育教学评价实践中，有些教师会抱怨学生缺乏自主性，缺乏自主评价的能力，从而影响了有效体育教学的开展与教学效果的提高。事实上，正是因为这些教师忽略了对学生自主意识与能力的培养，才造成了这些后果。

3. 丰富学生自主评价的形式

学生自主评价的形式多种多样，常见的评价形式分类见表2-4。

表2-4 学生自主评价的形式

自主评价形式的分类	具体形式
从组织形式上划分	自我评价
	同桌评价
	小组评价
	对组评价
	全班评价
	师生评价等
从学习建议性评价的方法上划分	多项评价
	比较评价
	补充评价等
从评价的内容上划分	交谈、倾听、合作、分享、活动等维度的评价

新课程改革以来，一线教师非常喜欢采用自主评价方式，并对此进行了实践探索，使得该评价方式在新课程背景下发挥了重要的作用，而且在实践运用中也取得了良好的效果。

（二）激励性评价策略

有效体育教学评价具有激励功能，可以激发和维持评价对象的内在动力，调动其内部潜力，促进其学习积极性和创造性的提高，从而实现理想的教学目标。同时，激励性评价也是有效课程教学评价的一项重要策略，该策略有助于学生积极学习态度的形成，有助于激发学生的学习兴趣，能够有效帮助学生正确认识自我。在有效体育教学评价中，采取激励性评价策略需从以下几方面展开。

（1）激发学生的学习动机。

（2）正确运用肯定和奖励的评价方法。

（3）采取适当的竞争方法。

（4）建立民主、平等、和谐的师生关系。

（三）多元化评价策略

"多元化"评价是相对于"一元化"评价而言的，多元化评价策略指的是将各种评价主体整合起来，采用多种评价方法来全方位评价学生的学习进展与行为变化，包括对学生知识与技能的评价，对学生学习过程与方法的评价，对学生情感、态度及价值观的评价等。采用多元化评价策略是突破传统体育教学评价单一模式的关键，这种评价更能够发挥作用。多元化评价策略的具体实施方式有以下几种。

（1）纸笔测试与表现性评价相结合。

（2）自主评价与外部评价相结合。

（3）定性评价与定量评价相结合。

（4）过程性评价与总结性评价相结合。

总之，多元化评价策略是综合运用以上评价方法的策略，这些方法既相互独立，又相互渗透和补充。

三、体育学习效果评价的指标体系

体育教学评价指标体系的建立是体育教学评价工作成败的关键所在，制定评价指标体系就是把评价目标具体化，使评价目标变成具体量表和尺度，主要包括以下几个方面的指标。

（一）与体育教学目标相关的指标

这些指标主要包含三个方面，分别是认知、情感和技能。认知主要分为理解、识记、综合、运用四个层次；情感领域分为接受、反映、性格化、价值化四个层次；动作技能领域分为知道、学会、熟练三个层次。

（二）与体育教师相关的指标

1. 体育教师的整体素质

体育教师的整体素质主要从体育课程的讲述来对体育教师的专业水平进行判断；从体育教材的选择方面来对体育教师在知识方面的吸取、处理和传递的能力进行判断；从讲授的严谨情况和准确程度方面来对体育教师的逻辑思维能力进行判断；从体育教学整个过程的整体素质来对体育教师是否接受过系统示范教育训练进行判断。

2. 体育教师的课程控制能力

体育教师的课程控制能力主要从课程纪律情况来对控制水平进行分析，从处理偶发事件的效果上推断教师维持正常体育教学秩序的能力。

3. 体育教师的教学仪态

体育教师的教学仪态主要从体育教师的教态与仪表是否大方、自然、亲切来对体育教师和学生的情感的融洽程度以及体育教学气氛的和谐程度进行判断。

4. 体育教师的教学技能

体育教师的教学技能主要从普通话和口语表达技能、示范技能或书面表达技能、体育教学工作技能（包含体育教学方案设计、使用媒体、体育课程教学和体育教学研究等技能）和班主任工作技能等方面的具体指标和要求进行判断。

（三）与学生体育学习相关的指标

1. 体育课程中学生的提问情况

学生对所提问题的最初反应是热烈、高兴、很快举手，或是不很主动但有思考，或是不理会、回避甚至恐惧；学生回答问题时的反应是思路敏捷、叙述流畅、答案正确，或是表达了思想但答案不完全正确，或是思路不畅、叙述不清、回答错误。以上这些情况在学生中所占的人数多少？以及比例如何？

2. 学生参与体育课程学习的态度

学生参与体育课程学习的态度主要包括：学生是积极主动地围绕体育教师的讲解和提问进行思考，在良好的秩序下互相讨论，还是虽然气氛平静，但注意力不完全和讲授同步，或是不太安静，有各种各样注意力涣散的表现。

四、体育学习效果评价的实施步骤

（一）确定学习效果评价的目的

学习效果的评价是在一定评价目的的指导下进行的，不同的评价目的，需要采取相应的方法和手段，例如需要对体育教师的教学方法进行重点评价，那么在评价的时候，就要运用相关教学方法的评价理论，如果需要对教学思想进行评价，那么就要运用相关教学思想的理论进行评价，如果需要对教学效果进行评价，那么就要通过对学生体育课程的学习情况进行评价。

（二）成立学习效果评价小组

在确定了评价目的以后，应该成立评价小组，组成一个由体育专家、体育教师、学校领导组成的评价小组，成立小组的目的是为了更有效率地实施评价工作，为体育评价工作保驾护航。

（三）制定学习效果评价指标体系

制定相应的评价指标体系，是实施学习效果评价的重要步骤，参与评价的人要认真研究相关评价指标，尽量通过试评获取实例或典型，以统一尺度，制定合理的学习效果评价标准和指标体系。首先应确定一级指标，然后将一级指标分解成二级指标，再将二级指标分解成三级指标，使每个上级指标都包括一个下级指标群，每一个下级指标都是其上级指标的具体化，从而构成合理的学习效果评价指标体系。

（四）收集学习效果评价所需要的信息

收集信息是体育教学评价实施的重要环节。获取信息的质量（可靠性和有效性）取决于收集信息的方法和过程。收集评价信息所需要的方法主要包括以下几种。

1. 直接观察法

观察法是根据评价指标的内涵要求和评价对象的特点，从而有计划、有目的地进行自然状态下（自然观察法）或控制条件下（试验观察法）的观察并获取评价信息资料的方法。观察法主要是听和看，可充分利用录像机、照相机等仪器作为辅助工具。观察法具有比较广的适用面，具有较多的资料搜集机会，这种方法目前主要用在评价对象的行为表现、意志特点和情感等方面。如通过听课，对体育教师课程教学资料进行搜集，对学生上课活动情况加以了解，还可对体育教师的备课情况进行一定程度的了解。

2. 深入访谈法

深入访谈法是根据访谈提纲，评价者通过与评价对象进行面谈或小组座谈会的方式对信息进行直接搜集的一种方法。这种方法主要是对评价对象的心理状态进行了解，并不会受到文字能力的限制。访谈时，可以将人群进行分类，根据评价对象的心理适应状况，较深入地了解到深层次的问题。

3. 书面问卷法

书面问卷法是指采用书面的形式来对评价对象进行调查以获得相关评价信息的方法，这种方式主要用在大面积调查具有较广范围的各种问题。调查者可以直接实施，也可以通过通信方式发给调查对象。通过采用这种方法能够在短时间内获得大量的信息，但对问卷和统计结构进行科学合理的编制和整理是一项具有较高要求、技术性较强的工作。

4. 文献资料法

文献资料法是指通过查阅与评价对象有关的文字记载的材料搜集评价资料的方法。文献内容包括学生考试问卷、体育教案、体育教学进度、体育教学计划与总结、各种文字与数字资料等。查阅文献时应根据评价内容查阅相关文献，可以以几种文献相互印证，也可与其他收集信息的方法结合使用。

5. 试题测验法

试题测验法主要是根据评价内容来编制出一定的等级量表和标准的试题来对评价信息进行搜集的方法。它主要用于易量化的评价对象和形成性评价。如用于收集学生各项能力发展状况、学生心理发展状况、学生掌握知识与技能情况、教师教学效果、学生人格特征状况等信息。

第三章 体育教学内容的多维理念

第一节 创新教育理念下的体育教学

一、创新教育理念的内涵及对体育教学的要求

（一）创新教育理念的内涵与构成

1. 创新教育理念的内涵

创新教育，特别是面向基础教育的创新教育，是以培养学生的创新精神和创新能力为基本的价值取向，以发掘人的创新潜能、弘扬人的主体精神、促进人的个性和谐全面发展为宗旨的教育，是素质教育的一个重要组成部分。创新教育是培养高素质的创造性人才的重要途径，也是深化教育改革的具体举措。

创新教育理念强调教育理念的创新性，是从提高创新素质、塑造创新人格、培养创新人才出发，对教育的本质特征和基本规律的理性认识与判断，是对自己的教育理念的突破和创造，显现出根本性、简洁性、指导性、时代性及系统性的鲜明特征。

创新教育不仅涉及教育的目标问题、方法的改革和内容的调整，而且要系统地对教育进行改革，即进行教育创新以实现创新教育培养学生创新素质的目的。

2. 创新教育理念的核心构成

创新教育作为一种教育理念，实质在于培养人的创新素质，包括创新意识与创新精神、创新思维与创新人格、创新能力与实践能力三个维度。创新教育的核心是培养创新意识和锻炼创新能力，培养创新意识是基础，锻炼创新能力是提高。

创新意识是创新活动的内部心理倾向，表现为好奇心、求知欲、怀疑感、创新需求、思维的独立性等方面，是创新心理素质形成的前提。它包含创新思维、创新个性、批判思维、求异思维、好奇与兴趣、独立与独创、自觉与果断、自制与毅力、自信与自尊、怀疑与求真等，受学习压力、抑郁和焦虑的影响较大。培养创新敏感度，创造创新张力，是养成创新意识的重要一环。创新能力是创新活动中所达到的能力水平，表现为创造性的观察能力、思维能力和实践能力，具体表现为知识储备量、知识结构；悟性思维、逻辑思维；

好奇心、求知欲、动机、意识、意志；注意力、观察力、分析力等方面。受学习压力、抑郁、适应能力的影响较大。

创新意识是形成创新能力的前提，可以支配和强化创新能力；创新能力反过来又能增强创新意识。总之，培养学生的创新意识、锻炼创新能力仅停留在这些教学活动中是不够的，它是一个没有终点的课题，是一个长期复杂的系统工程。只有与时俱进、时刻留意，从每节课做起，师生共同参与、共同探究，才能"开创新花，结创新果，繁殖创造之森林"。

（二）创新教育理念对体育教学的要求

1. 对体育教师及教法的要求

（1）坚信创新的教育理念

①坚信每个学生都有创新的潜能

每个学生都能通过恰当的教育培养成某方面的创造型人才，后进生和优等生是一样的，教师应注重的是如何培养、挖掘的问题。

②坚信学生的创新素质有层次和类型的差别

教师不能用一个模式对待所有学生，针对不同情况，实施因材施教，对待学生个体给予弹性要求；尊重学生的兴趣和不同态度，引导学生发散思维，鼓励"稀奇古怪"的想法和"随心所欲"的动作创造；鼓励学生进行自主学习、对教师的教法进行质疑。

③坚信教育对学生的创新素质培养起决定性作用

这是多年研究成果的证明，毋庸置疑。

④坚信学生是创新教育的主体

教师应多鼓励学生进行自主学习、主动学习，发挥学生的潜力和能动性，采用启发式引导、诱导学生积极思考，并不断发现问题和解决问题，学会大胆质疑，并积极反思。

（2）实施创新的教学方法

创新的教学方法与一般的教学方法既有一致性，又有其特殊性。体育教师要坚持系统的观点，根据时代发展的需要，以教育创新为理论基础，发展旨在培养学生创新素质的创新教育。

①发现教学法

教师在指导学生学习时，仅给他们一些事实和思路，启发他们积极思考、独立探索，鼓励他们自己去发现并掌握原理和规律。教师设计好教学方法，提供有效的资料和条件，提问、指导和耐心等待，激发学生的学习动机和想象力，从本能上刺激学生自己积极主动地想学、想练并探索学练的方法和技巧。

②问题教学法

问题教学法是指教师针对学生在实践、学习中遇到的困难或提出的困难，帮助他们分析、探寻解决的办法，并进行实验，寻求解决问题的方式。学生创造性地解决问题的过程就是创新思维提高的过程。

③开放式教学法

开放式教学法强调不拘泥于死记硬背已有的结论，而是着眼不同结论的选择判断，注重现有知识的动态性，注重能力结构的稳定性。例如，发散思维要求个体对规定的刺激产生独特的、变化的反应，如在规定时间内做出三种以上的传接球动作。

④讨论教学法

讨论教学法是指在体育教学中，把学生分成小组，通过讨论等多种形式进行相互交流，以此达到教学目的的过程。在实施时，先进行分组，学生可以自愿结合，也可以根据内容安排分组，最好两人一组，教师充当主持人、引导人，每个学生都有发言的机会，也可以提出对他人不同意见的看法。讨论教学法最独特的是组内成员相互启发，学习过程受每个学生行为的影响。讨论教学法适用于一些较大的教学目标，如态度转变、战术制定、赛前安排等。

2. 对学生及学习方式的要求

（1）树立正确的创新价值观

首先，消除创新的神秘感，要对创新有一个务实的价值观，不要一提创新就想到牛顿、爱因斯坦，其实新技术动作的练习方式、新的解决问题的方法都是创新；其次，消除创新的自卑感，不要认为创新都是科学家做的事，人人都可以创新；再次，抓住自己的一点点新想法、新做法或新设计，进行简短的反馈评价，促使对自己的创新行为进一步反思和探讨，明确自己的创新行为和价值；最后，抓住身边创新的典型事例，激励自己的创新意识，学会分析具有创新能力的学生的思维和行动，善于模仿并转化。

（2）掌握学习方法，改变学习方式

学会学习、掌握学习方法将成为未来孩子学习的重点。教师不再是一个"传授者"，而是"引导者""启发者"，学生也不再是一个"接受者"，而是"辨别者""筛选者""思考者"。学生应把精力集中在掌握学习方法、学习方式上，学会质疑教师的传授内容和教法，学会总结自己的不足并不断改进；真正发挥自己的能动性，积极思考和探究，而非等待教师给予答案；主动与教师交流，与同伴交流，并分享自己的"新想法""新发明"；不断强化自己的新型学习方式，遇事多问几个"为什么""必须这样吗""我有没有不同的看法"等；开启智慧的大门，积极地思考和行动，并允许自己"犯错误"或"走弯路"，进行发散思维、求异思维，做一个提高学习能力、掌握学习方法、具有创造意识的创新型学生。

第二节 有效教学理念下的体育教学

一、有效体育教学的内涵

有效教学的理念源于 20 世纪上半叶西方的教学科学化运动。20 世纪以前，在西方教育理论中占主导地位的教学观是"教学是一门艺术"，但随着 20 世纪以来科学思潮的影响以及心理学，特别是行为科学的发展，人们逐渐意识到教学也是科学，即教学不仅有科学的基础，而且还可以用科学的方法来研究。于是，人们开始关注教学的哲学、心理学、社会学等学科的理论基础，以及如何用观察、实验等科学的方法来研究教学问题。有效教学就是在这一背景下提出来的。

如果分别从"有效"和"教学"两个概念出发来界定，则可以认为，所谓"有效"，是指通过教师在一段时间的教学之后，学生所获得的各个方面的具体进步或发展，以学生的进步或发展作为是否有效的最终评价标准和体现目标。所谓"教学"，是指教师引起、维持或促进学生学习的所有行为。有效教学是为了提高教师的工作效益、强化过程评价和目标管理的一种现代教学理念，其核心是关注学生的进步或发展（虽然学生进步或发展的程度不一）以及教学的效益（虽然效益有高有低）。

关于有效教学的定义，学术界争议比较多。不同的学科从不同的角度出发，得出了不同的研究结果。有效体育教学是有效教学在体育教学方面的表现，既具有有效教学的一般特点，也具有体育教学的独特特点。

（一）有效果、有效益、有效率

首先谈"有效果"。效果是由某种原因、因素或动因产生的结果。"有效果"是指通过教师的教学以后，学生获得的具体进步和发展。学生有无进步和发展是衡量教学有无效果的唯一依据。对"教学效果"的理解多种多样，如"教学效果是由于教学而产生的成果，包括受教学影响所能展示的所有成果"，"教学效果是教学活动的结果，考查的重点是学生的学习进步和发展"，"教学效果是对课堂教学活动结果与预期课堂教学目标吻合程度的评价"，"教学效果是通过教师的教学取得的，最关注的是效果的有无，而并不关注结果的好坏，不联系教学投入来考虑教学产出或者所得"，"教学效果是教学过程中教师和学生共同劳动的结果，是通过教师的教和学生的学，体现为学生学习的优劣程度，具有全面性、系统性、检验的阶段性等特点"，等。所以，体育教学有没有效果，主要指学生有无进步。学生对所学体育与健康知识的掌握程度，学生在体能上的提高程度，技能掌握上的进步程度，心理素质、社会适应能力的加强程度等学生在原有基础上提高的幅度的总和是衡量体育教学效果的最终依据。

其次谈"有效益"。效益，系"效果和收益"，其着眼点在于"收益"。教学效益是教学活动的效果和收益，它所要认识的范畴更加丰富。教学效益反映的是教学活动的结果与教学目标以及教学目标与特定的社会和个人的教学需求是否一致，这是对教学效益的内在的质的规定。关注教学效益，提升教学效益，也是实现教学活动的价值和达成教学活动的目标的过程。教学有无效益，并非指教师是否教完内容或教得是否认真，而是指学生有没有学到东西或学生学得好不好。如果学生不想学或者学了没有收获，在体能、技能、身体素质、参与行为、心理健康水平、社会适应能力等方面没有发展，即使教师教得再辛苦也是无效教学。同样，如果学生学得很认真，练得很辛苦，但没有得到应有的发展，其体能、技能、身体素质、参与行为、心理健康水平、社会适应能力等方面没有发展甚至出现倒退和下降，也是无效或低效教学，甚至是负效教学。因此，体育教学"有效益"，是指通过教学活动，既实现了教学活动的价值，达成了教学活动的目标，并且教学结果吻合预期的教学目标，符合社会与个人的教学需求。同时，体育教学"有效益"，更多的是关注好的、积极的学习结果，关注学生学习的良性收益。正如国外某研究所报道的体育教师通常认为，他们的教学让学生感到忙碌、快乐、开心就是成功的课。

最后谈"有效率"。有效教学在保证教学效果和教学效益的同时，还必须保证教学效率。物理学中的效率是指"单位时间内完成的工作量"，但"教学效率"不同于物理学中的"效率"。效率的要义，包括"在一定的单位时间内"和"完成的工作量"两个方面。前者容易理解，关键是如何界定和确定"工作量"。教学工作量不同于物理学的"用了多少力"之类的，物理学中的"用力多少"既是一个数量，"用了多少力"也说明达到了目标。而体育教学的工作量，可以把事先规定的教师教的任务完成，但更重要的是学生是否在体能发展、技能学习、身体素质提高、社会适应能力增强、参与行为增加等方面达到了预期的学习目标。只有两者都实现，才算达到应有的教学效果。教学"有效率"是指在一定的教学投入内，产生了尽可能多的教学产出，达到夸美纽斯所言的"教员可以少教，但学生可以多学"的境界。所以，教学效率同时包含着学生的实际效果。由于体育课堂教学活动本身也可以看作一种无形的精神性的生产活动，借用经济学的概念可以将体育课堂教学效率表述为"教学效率 = 教学产出（教学效果）/ 教学投入"，即教学效率和教学产出（教学效果）成正比，和教学投入成反比。当然，按照这种理解，也可以认为，在一定程度上，在一定范围内，尽量减少教学投入，保持既定产出教学甚至增加产出就能提高效率。联系体育教学实践考虑，可以说，对于同样的教学效果，还需要考虑单位时间问题。

综上所述，有效体育教学是体育教学过程符合体育教学规律的教学，是有效果、有效益、有效率的教学。体育教学活动是一种育体、育身、育心的过程，应该实事求是，尊重体育教学规律，不能鲁莽蛮干。符合体育教学规律是实现体育有效教学的基本条件，不符合体育教学规律的教学，即使有效，也是低效或负效的。有效果、有效益是有效体育教学的基本要求和前提，有效率是有效体育教学的最高目标。符合体育教学规律以及"有效果""有效率""有效益"这三个方面共同构成了有效体育教学的内涵和外延。缺少其中之一，都不是有效的体育教学。据此，可以将有效体育教学定义为："有效体育教学是教师遵循体育教学过程的规律，成功引起、激发、维持和促进了学生的体育学习，在维持既定教学效率的前提下，相对有效地达到了既定教学效果、获得既定教学效益的教学。它首先取决于体育教师及相关人员对'体育课上应该做什么'做出正确的决定，其次取决于如何实现这些决定。"

（二）体育教学——教与学互相依存

在现代社会，人是主体。在现代化的课堂中，人也是主体。学生和教师都是课堂中的主体，学生是课堂中的中心，是自己学习的主人。教学是师生双边活动，应该发挥师生的整体作用。教学的有效性虽然和很多因素相关，但主要的因素是教师的"教"和学生的"学"。要摒弃传统的非此即彼的"教师中心论"和"学生中心论"，认识到体育教师与学生都是体育教学过程中的主体因素，两者之间的关系是教学过程中最本质、最直接的关系。同理，对体育教学有效性的研究，也必须既关注教师教学活动的有效性，又考虑学生学习活动的有效性。

要提高体育教学效果，必须把教师和学生都视为主体。相对于学生来说，教师是外因，是外源性主体，其作用在于主导。相对于体育学习而言，学生是学习的内因，是内源性主体，其一切学习活动的目的和作用在于提高体能、技能、身体素质、心理素质和社会适应能力。外源性主体同内源性主体和谐统一，是一切体育教学活动取得较好成效的前提和基础，应该同时发挥师生的积极性并将二者有机结合。

同时，在体育教学中，师生以体育教学内容、教学方法、教学媒体等为中介，在各种层次的教学目的的指导下，在不同的教学环境中，共同构成了贯穿教学过程始终的双边活动。体育教学绝不只是单纯的讲解示范、组织管理，也不仅是单纯的动作或技能练习和体能锻炼，而是教与学两者相互依存和促进的过程。教师的教和学生的学只有互相适应，教学才可能有效，并且师生互适性越高，越易取得好的学习效果。学生在体能、技能、身体素质、社会适应能力、心理适应能力等方面的效果，在很大程度上有赖于体育教学正确有效的实施。同样，体育教师的教学效果，要通过受教育者——学生这个客体，才能得到体现。因此，在教学实践中发挥教师主导作用的同时，必须突出学生的主体地位并考虑学生的个体差异，因材施教，因人而异，不可强求整齐划一。

（三）有效体育教学是一套策略

策略是指教师为实现教学目标或教学意图而采用的一系列具体的问题解决行为方式。有效教学需要教师掌握有关的策略性知识，以便于自己面对具体的情景做出决策。一般情况下，按照教学实施流程，有效的教学过程划分为三个阶段，即教学的准备阶段、教学的实施阶段和教学的监控评价阶段，分别有准备策略（教什么）、实施策略（怎么教）和评价策略（教得如何）来共同完成教学任务。

体育教学的准备策略主要是指教师在体育课堂教学前根据体育教学的目标和要求，所要处理的问题解决行为，即教师在制定教学方案时所要做的工作。主要包括对教材的钻研熟悉、对学生的了解、教学目标的确定与叙写、教学材料的处理与准备、主要教学行为的选择、教学环境的选择、教学组织形式的编制以及教学方案的形成等。

体育教学的实施策略主要指教师为实施上述教学方案而发生在课堂内外的一系列行为。按照功能划分，主要有管理行为与教学行为。前者是为教学的顺利进行创造条件和确保单位时间的效益；后者又可以分为主要教学行为（直接指向目标和内容，事先可以做好准备的行为）和辅助教学行为（直接指向具体的学生和教学情景，事先很难或根本不可能做好准备的行为）两种。

体育教学的评价策略主要是指对体育课堂教学活动过程与结果做出的相关价值判断行为，主要涉及学生学业成就（如身体素质的提高水平、运动技能的掌握程度、社会适应能力的提高程度、心理健康的增进水平等）的评价与教师教学专业活动（如备课能力、讲解示范能力、纠错保护能力、组织教学能力等）的评价，贯穿整个教学活动的始终。

二、有效体育教学的理念

（一）关注学生的全面进步和发展

学生的进步和发展是体育教学追求的终极目标，而有效体育教学对学生的全面发展和最大幅度进步的这种追求对体育教师提出了新的要求。在实际体育课堂教学中，应并重预设性和生成性，要同时关注教学结果和教学过程与方法，同时关注学生知识的获得和能力的提升以及积极情感、态度和价值观的形成，以实现"知识与能力、方法与过程、情感态度与价值观"的全面发展。要达到这些目标，体育教师需要在自身意识方面进行提升。

首先，有效体育教学要求真正确立学生的主体地位和中心地位。体育教学是师生互动的过程，离开"学"，就无所谓"教"，因此要求教师有"主体"意识和"对象"意识。教师必须一切为了学生的发展。如果学生没有获得发展，那么即使教师工作再累、付出再多，也是缺乏现实意义的。

其次，有效体育教学要求教师树立"全人"的学生观。学生发展是全面的均衡发展，包括体能、技能、身体素质、社会适应能力、心理健康等方面的发展，包括体育知识、健身知识、健康知识、人文知识、科学知识的"全面开花"，而并非只是某一方面单维度的发展。传统的体育教学追求学生在运动技术、技能的正确掌握以及身体素质、体能等方面的发展，对学生的学习态度、情感、心理等方面的进步比较忽视。体育与健康新课程标准明确规定了学习目标，即运动参与、运动技能、身体健康、心理健康以及社会适应五大目标的"齐头并进"，这意味着运动技术与技能目标不再是判断体育教学有效性的唯一目标。有效体育教学必须促使五大目标得到全面充分的发展，要求教师将体育教育的价值定位在人的全面发展上。教师应以宽广的眼光，正确估计和衡量自己所教学科的价值，把学科价值定位在多学科上，定位在对一个完整的人的发展上。特别是在新课改理念的影响下，教师在课堂教学中不仅注重对学生知识与技能的培养，也注重对学生情感、态度与意志等非智力因素的培养，全面关注学生的智商、情商和健商的提高。

最后，有效体育教学应唤起教学对象的主体意识。教学的有效性应该首先体现在学生的主动精神上，体现在对学生自我的主体意识的唤醒上。教育唯有唤起了学生"沉睡的自我"，才是真正有效的。

（二）以促进学生的学习为宗旨

任何教学活动，总是有其一定的目的，"教"的最终目的是"不教"，是学生能够学会学习。教学活动的中心应在于如何使学生学习得到提高和进步，如何使学生的能力得到锻炼。有效体育教学是一整套为促使学生学练、实现教学目标而采用的教学策略。"教"就是为了学生的"学"，让学生乐学、会学，为学生的可持续发展打好体能、技能、身体素质等基础。体育教学是否有效及其效果如何，最终要通过学生体现出来。要让学生在体育文化知识、体育意识、体育习惯、体育能力、心理素质、社会适应等方面不断获得习得和进步。只有教师把学生当成学习活动的主体时，教师才能有效地实现教学目标。从本质上说，有效体育教学是对优质教学的追求，以良好的教学质量为生命线，既要追求有优质的结果，也要追求优质的过程，一切以促进学生的学习为宗旨。

（三）需要教师具备效益意识

体育教学效益是指体育教学活动的收益。体育教学既要有效果，使学生发生变化，也要有效益，使教学活动的效果和结果符合教学目标，满足社会和个人的教育需求。学生健康的身心和强健的体质是新课程目标的核心内容，也是当今社会对人才的要求。为了实现这个目标，体育教学必须以获取良好的效益作为目标之一。无可厚非，体育教学要取得上述效益，需要体育教学的各个环节都安排合理、有序，而关键的前提是教师要具备效益意识。由辩证唯物主义理论可知，意识具有能动作用，并且能动作用有两种不同的表现：一是正确的思想意识能够指导人们采取正确的行动，促进事物的良性发展；二是错误的思想意识会误导人们采取错误的行动，对事物发展产生阻碍甚至破坏的影响。只有体育教师具备良好的效益意识，在体育教学实践中才能时刻以这种意识去能动地敦促自己的教学行为，反思自己的教学过程，内省自己的教学绩效，不断总结教学经验，从而逐渐提高教学效果和效益。

（四）需要教师具备反思意识

体育教师的教学反思是体育教师专业发展的重要一环。教师在不断反思与探究的教学过程中提升了自己的专业水平和教育教学能力，这既是体育教师自身发展的需要，也是实现有效体育教学的需要。贯彻落实新课程标准的过程也是体育教师反思性的教学过程。体育教师在体育教学实践中培养自觉的反思意识，形成经常反思的习惯，是有效提高教学效果的保证之一。

体育教师的反思意识及其指导的教学活动有助于克服技术理性主义的教育观（认为体育教学只是一个传授系统，它关注并根据手段—理性的标准进行评判，体育教师基本上充当手段—目的的中介人的角色，用别人设计好的课程达到别人设计好的目标的知识传授者），有助于提高和改善体育教师的主体性参与行为，为体育教师的发展提供根本性动力，为提高体育教学效果奠定基础。

体育教师是体育课程有效实施的人力资源，是课程系统的重要组成部分，是体育课程资源创生和发展的重要因素之一。有效体育教学必然是一种反思性实践，有赖于教师持续地反思与探究。长期以来，体育教师比较缺乏理性精神和反思态度。苏格拉底说："没有反思的生活，是不值得过的生活。"在"一切为了学生"有效学习的有效教学实践中，教师必须具有清醒的自我意识。特别是随着新课程的实施，新课程的教育理念、价值观，最终都需要体育教师认真学习、理解领会，并运用到体育教学实践中，在实践中发现问题、分析问题并解决问题。例如，就课程资源的开发而言，体育教师能否成为成功的课程资源开发者，取决于其能否实现由"经验教学"向"反思教学"的转变，能否实现由"经验教师"向"反思性实践者"的转变。但是，在现实中，体育教师的某些既有观念知识深深地植根于其经验、习惯、先例、意见之中，体育教师行为模式的形成与确立常常受一定"先在"观念或知识的导向性支配和影响，他们也很容易把自己的实践想象成习惯性的或必然的。如果体育教师不愿反思自己的教学能力及教学实践的合理性、科学性，则其在教学实践中很可能表现出观念的僵滞和行为的滞后落伍，其实践的合理性也会降低。

反思来源于自我意识的觉醒，而自我意识的觉醒产生于在旧有理念导向下的实践的困惑和迷茫。仅仅一味强调体育教师某些不当教学行为的改良，由于不能触及观念或知识层面，不能撼动其内心意识的根基而很难奏效。因此，只有强调体育教师树立强烈的反思意识，强调对某些旧观念的改造更新，对某些不合时宜的行为进行改良，才是有力量、有效果的。体育教师只有成为"反思性实践者"，具备了"反思设计"的意识、习惯和能力，不断追问自己的教学行为和行为背后的教学理念，才能不断有效地贯彻新课程的理念，体育教学才能有效、高效。

具体而言，体育教师反思的内容包括教学主体的合理性、教学工具的合理性和教学目的的合理性等，反思的时间包括课前、课中和课后，反思的步骤包括明确问题—收集资料—分析资料—构建理论假设—实施行动等，反思的方法包括课后小结、写反思日记、观摩与分析、行动研究等。

三、有效体育教学的特征

有效体育教学的特征是指有效体育教学的独特征象和标志，即有效体育教学和低效体育教学乃至无效教学的区分标志，也包括与优质课教学的区别。同时，有效体育教学的特征是最符合有效体育教学含义，最有助于实现有效体育教学目标的征象，它是通过体育教师的具体教学行为来体现的。

（一）充分的教学准备

教学准备是指教师在课堂教学前处理问题和解决问题的行为，也就是教师在制定教学方案（如教案）时所要做的工作，是教师为课堂教学做准备的一个动态过程。充分的准备是教师为确保一门课程或一堂课有计划地进行而对教学活动的精心策划，具有四个方面的意义：第一，由于教师认真研究了教学内容，对教学中的重难点了然在心，就有可能制订出合理的教学计划并按照计划完成教学任务；第二，教师如果在教学前考虑了学生的体育学习基础、运动基础、家庭背景、体能状况、身体素质状况、学习需要等，就更可能有针对性地引发其学习兴趣，满足其学习需要，激发其学习动机，并选择适合的、针对性强的、体现区别对待原则的教学方法；第三，如果教师制订了合理的教学计划，对教学环境和教学过程进行了通盘考虑，能尽量减少教学中的盲目性，提高针对性，产生高度的自信心，增强自身教学效能感；第四，如果教师对教学中的突发事件或教学以外的情况有充足的估计和预测并考虑和设计了应对方式和措施，就可能减少课堂的时间浪费，保证教学在一定程度上按照原计划进行。

（二）体育教学目标的确定与叙述清晰明了，操作性强

体育教学目标的确定与叙述清晰明了，操作性强，至少包含三层含义：首先，在内容上，教学目标要体现身体、心理、社会适应三维健康观，也要体现体育课程的特点，体现体育与健康课程与其他文化课程的区别。体育与健康课程是一门以身体练习为主要手段的学科课程，它的主要教学目标应是掌握体育运动技能、发展体能、增进学生身体健康，而"提高心理健康水平"和"增强社会适应能力"当属次要目标。其次，在可操作性上，教学目标要围绕学生的实际并体现出操作性（教学目标的表述要尽量落到学生的行为上，学生能理解、能观察、能言传、能训练）和可评价性（学生能够自评、互评，也有利于教师评价）。最后，在表现形式上，确定体育教学目标用语要精确、明白、清楚、简单明了、一目了然，不要含糊其词。既要便于学生理解，也要有利于教师自己掌握和操作。

（三）教学材料的处理与准备因地制宜

有效体育教学能以"大体育教学"的观点和视野来选取教学材料，包括所需教学器材。首先，一切有利于实现体育教学目标的内容且能够容易获取或通过一定的努力能够解决的教学材料，都可以选作体育教学的教材。选择教材不能仅依据教师个人的兴趣，而应注重学生的发展和终身体育意识的养成、体育文化素养的提高，而且可以围绕教学目标对现有竞技体育运动项目进行精选、优选和必要的改造。其次，根据教学目标及本地、本校的实际情况，在教学中适当选用新兴运动项目。当然，由于我国民族体育文化源远流长，随着社会的进步与发展以及各民族交往的进一步深入，民族体育运动项目的互相融合和借鉴已是大势所趋。各地可以根据教学目标整合民族体育项目，充分发扬民族体育的魅力和文化底蕴，开展踢毽子、跳绳、滚铁环、珍珠球、跳皮筋、抽陀螺等传统体育运动项目。

（四）了解学生的初始特征

比较全面地了解学生，掌握学生的个性、体能、技能、体育与健康知识等方面的基本情况，从学生的实际出发，调动学生学习的主动性、积极性和自觉性，是进行有效体育教学的基础。要做好教学准备，教师必须了解学生的两种初始特征：一是初始的认知能力，包括体育基础知识、技术、技能，对体育和体育课的认识，对教学内容的理解和智能等；二是初始的情感特征，包括体育学习动机、体育学习的态度、对体育课的兴趣、对体育教师的态度等。此外，教师要知道学生是否明白体育教学的一般规律和掌握技能、提高体能、改善身体素质的基本规律，是否明白学什么、练什么、怎么学、怎么练等问题。

同时，充分的准备是指体育教师要具备良好的教学设计能力，为确保一节体育课（或单元教学）的有计划进行而筹划教学活动。良好的教学设计要求体育教师既"设计内容"，也要"设计学生"。"设计内容"是指教师在认真研究体育教学内容的特点的基础上，在吃透弄懂教材的基础上，明确教学目的、目标、重点、难点，筹划开展教学的组织方式，如体育课程内容的结构、采取的教学方法、适应不同的教学环境、师生的互动以及对突发事件处理的设想。有效率的体育教师往往会花费大量的时间做教学准备，一节课的准备时间可能比上课时间要多几倍。

当然，从某种程度上看，教学设计更多的是"设计学生"。因为体育教学内容相对固定，特别是有多年教学经验的熟手教师，对体育教学内容已经掌握得比较娴熟，运用起来相对得心应手。但是，学生的构成却在很大程度上具有差异性、个别性，其思想具有时代性，体育教师不能以传统的眼光对待他们，不能以过多的"预设"看待他们，而要以动态的视野对待学生，所以，"设计学生"在教学设计中具有更重要的地位。因此，教师在教学设计时一定要考虑学生的实际情况，包括了解学生的现实的体能、技能、身体素质、体育与健康知识水平、心理状态、兴趣、体育态度等。

（五）认真准备教学用具

从课程资源开发的角度来说，教具的准备也是课程开发的范畴。教具准备的目的，是为了更好地进行教学或辅助教学，更好地呈现教学内容，创造良好的教学情境，帮助学生理解体育教学内容，有效地掌握体育知识、技术和技能，提高社会适应能力，又能使学生直接参与到体育教学中，提高参与率，提高教学效率，更好地完成教学任务。

教学用具在教学中起着重要的作用，夸美纽斯强调不要只用形式或符号，而要通过感官知觉，鼓励教师要用实事实物和用接近于儿童的观念去教育学生。裴斯泰洛齐则更倡导直观教学法，强调儿童在学习中获得对实物的感官印象。

在体育课中，教学用具的准备主要包括两层含义：第一，必要的体育场地器材，如运动场、体育馆、跳绳、体操垫、各种球类等和体育课直接相关的器材的准备，是让学生从事运动技能学习、参与练习和实践的必备工具；第二，教师的教学媒介，如多媒体设备、挂图等，是体育教师向学生教学的中介物，是连接师生体育知识交流的"桥梁"之一。这些方面的准备充分、有序，不会使教师在上课时匆促马虎，或蜻蜓点水般地走过场，能够提高体育教学的整体效果。

（六）主要教学方法的选择不拘一格

教学有法，教无定法，贵在得法，重在创法。任何一种教学方法都不是万能的，具有应用的情境性。对体育教学方法而言，也不存在任何"放之四海而皆准"的教学方法，不同的教学方法可能适合不同层次的学生、适合不同性质的教材内容，不能机械地根据教学方法来选择教学内容。从理论上说，只要是能实现教学目标，有利于发展学生的主体性，任何方法都可以采用，而不必拘泥于某一种教学模式或方法。可以借鉴费耶阿本德的"一切皆行"的理念作为指导思想，本着挖掘潜力、因材施教的原则，最大可能地提高学生的体能、技能、社会适应能力、心理健康水平。可以根据体育课程目标，根据课的结构和类型，根据不同教学对象的特点，根据教学场地设备，有针对性地采取灵活多样的教学方法。可从提高学生自练、自学的能力，给学生营造合作学习的氛围，培养学生创造力和竞争意识，以运用多媒体等方面加以考虑。

总之，有效体育教学的特征是指有效体育教学的独特征象和标志，即有效体育教学和体育低效教学乃至无效教学的区分标志。同时，是最符合有效体育教学含义，最有助于体育教学目标实现的特征，它是通过体育教师的具体教学行为来体现的。

第三节　多元反馈下的体育教学

一、多元反馈体育教学的理论基础

多元反馈教学法是以运用知识和发展能力为目标，以系统论、信息论、控制论为基本原理，突出教与学、学与学之间的信息交流、反馈的及时性特点，师生双方在一种融洽、合作的气氛中，由教师引导学生进行学习，有效提高课堂教学质量的一种综合教学法。多元反馈教学把信息传递作为主线，使课堂教学信息传递由单向传递过渡到多向传递，促进了信息的流动，有利于学生良好人际关系的建立和综合能力的有效提升。

（一）多元反馈体育教学模式的控制论基础

"反馈控制是将系统的输出信息返送到输入端，与输入信息进行比较，并利用二者的偏差进行控制的过程。"但是，反馈控制从发现偏差到修改措施之间可能会存在时间延迟的现象。控制方法论主要有反馈控制法、功能模拟方法等。在多元反馈教学中，为了实现最终的教学目标，必须通过反复地进行控制、执行、反馈、调整，并且是持续而循环地进行。反馈控制方法在教学中起着主导作用，是实施多元反馈教学的重要基础。因此，在教育教学中，教师要根据学生现有的知识水平和特点，对所制定和设计的内容始终保持合理有效的控制。

（二）多元反馈体育教学模式的信息论基础

信息传递过程是由信息从输入、贮存、处理、直接输出信息或者处理后输出反馈信息的过程。二十几年后，信息论逐渐被应用到教育领域中。多元反馈教学过程，就是一个信息回流系统，学生与教师、学生与学生、学生与教材、学生与多媒体等之间都存在着信息交换和反馈的关系。那么，只有通过反馈信息的不断循环才能更好地控制系统向着既定的方向、目标发展。多元反馈教学过程既要发挥教师的主导作用，又要体现学生的主体作用，那么教与学就成为教学过程中信息流动的主要方面。因此，在教学过程中必须建立和保持良好的信息交流机制，建立民主和谐的师生关系，最终实现一个良性的循环。

（三）多元反馈体育教学模式的系统论基础

自然界和人类社会都处于一定的系统之中，而一个完整的系统又由许多相互影响、相互作用并不断发展着的子系统组成。应用到教育领域，系统论认为多元反馈教学过程是一个完整的系统，包含教师、学生、教材、教法、多媒体等诸多要素，它们有规律地相互影响、相互作用着，从而构成了多元反馈教学过程的子系统。反馈系统包含反馈的对象和反馈的主体，实现整个教学过程最优化的途径就是通过信息的反馈。由于反馈对象是多元化的，所以在教学中必须构建多元的反馈系统，增加多元的反馈形式。这样才能发挥多元反馈教学过程的整体优势，强化系统的功能与作用，进一步提升教师课堂教学的有效性和学生学习的积极性。

综上所述，控制论、信息论、系统论三者联系密切，其观点和基本原理对多元反馈体育教学模式的建立具有至关重要的作用和意义。

（四）多元反馈体育教学模式的教学论基础

体育教学系统由诸多要素组成，它们是相互联系的一个完整的系统。主要由三个要素构成：一是教师，主要包括教师的职业道德素养、职业心理健康状况、知识能力素养等；二是学生，主要包括学生的知识结构、能力水平、心理认知水平、身体素质和道德品质等；三是课程内容，主要包括课程目标、评价和内容。其中，体育教学系统的主体因素包括教师和学生，他们也被称为人员要素；课程内容则被称为信息因素，在体育教学过程中，教师主要通过课程内容这一媒介与学生发生相互作用。这三个要素都是体育教学必不可少的因素，体育教学要想发挥整体效应、取得成功，必须实现要素间的最优组合。当前，教学过程中主要包括三组矛盾，即教师与学生之间、学生与学生之间、学生与教材之间的矛盾，体育教学中也是如此。解决这些矛盾的主要方法是加强教师与学生之间、学生与学生之间的信息交流与反馈，坚持教学中"教师为主导，学生为主体"的原则。

总之，多元反馈体育教学与教学论密切相关，多元反馈体育教学模式不但注重学生的主体性和创造性，更加重视教师的主导地位以及教师在整个课堂教学过程中的控制作用。在多元反馈教学过程中，教师既要具备较高的专业知识、专业素养，又要兼顾丰富的综合知识和能力素养，以更科学、更新颖的观念引导和指导学生学习，努力实现学生的全面发展、创造性发展。

（五）多元反馈体育教学模式的教育心理学基础

教育心理学认为，学与教是由教师、学生、教学内容、环境、媒体五个相互作用的部分共同构成的一个系统过程，该系统由教学过程、学习过程、反思或评价过程三种活动过程组成。此外，教育心理学在学校教育教学的研究活动中主要采用一些实用性较强的方法，如实验法、观察法、调查法、个案法、教育总结法、活动产品分析法以及测验法等。多元反馈体育教学模式与教育心理学密切相关，在教育教学中必须抓住学生的身心特点，通过多种途径的信息反馈，激发学生的学习兴趣，强化学生的学习动机，帮助学生通过获得并利用反馈信息来形成技术动作，逐渐掌握和达到动作自动化水平。

二、多元反馈体育教学模式的教学目标

在教学中，教学目标能够帮助我们从庞杂的知识系统中进行相关信息的选择、加工和处理；根据教学目标，我们可以从信息反馈中找到相应的信息并对其进行评价；教学目标能够把教与学的过程控制在最适宜的状态，能够把握学生学习的大方向。总之，教

学目标是实施有效教学过程控制的首要环节，对课堂教学中信息的交流、反馈和评价具有重要意义。

多元反馈体育教学模式的教学目标就是希望通过多元的信息交流、反馈、评价，提升学生的基础运动知识、基本运动技能、基本运动方法，全面发展学生的组织能力、管理能力以及人际交往能力。古人云："授之以鱼不如授之以渔。"在多元反馈教学中，就是要培养学生各种各样的能力，实现"学有所用"的目标，把"终身体育"融入现实生活中。

三、多元反馈体育教学模式的教学原则

（一）反馈的及时性原则

在多元反馈教学过程中，教师能对学生的表现给予恰到好处、恰如其分的评价与指导，这些即时性的评价与指导多以鼓励性的语言为主，通过给予学生积极的评价，激发学生的积极性和创造性思维。

（二）反馈的针对性原则

在多元反馈体育教学过程中，教师要根据不同学生的不同表现进行有区别的、有针对性的教学与指导，让他们在受到肯定或否定的同时，能够明确下一步应该怎么做。此外，通过具体而准确的信息反馈，进一步突出学生的优点和缺点，进行有针对性的指导，促使学生不断自我完善。还要鼓励体育优等生，肯定他的表现，使其发挥带头表率的作用，从而带动学生群体的共同进步。

（三）反馈的全面性原则

多元反馈体育教学注重全面提高学生的身体素质，提升学生的各项身体机能，促进学生身体形态和良好品格的形成与发展。多元反馈体育教学的全面性原则要求教师在教学过程中关注到每个学生的学习、表现情况，并根据学生的反馈信息给予适当的指导、评价，努力提高全体学生的运动能力。

（四）反馈的交往性原则

教与学的过程是师生双边共同活动的统一体，信息的有效传递与反馈是影响教学效果的重要因素之一。在多元反馈教学过程中，教师与学生以及学生与学生之间都存在着密切的交往联系，这种联系有利于帮助学生建立良好的人际关系，有利于优秀班集体的建立。

四、多元反馈体育教学模式的教学评价

体育教学评价就是以教学目标为评价依据，对体育教学过程中的每一个环节、表现、结果进行与教学目标是否一致的判断和评论。在多元反馈体育教学中，教师首先要对学生进行诊断性评价，对学生的基本身体状况、运动能力和运动经历等有一定的了解，从而方便教师制订符合学生实际需要的教学计划；在教学过程中，要对学生进行形成性评价，明确评价的根本目的是更好地促进学生的发展，是方便教师对教学过程实施有效调控，提升教学效果；最后还要进行相对性评价，加深学生对自己身体状况和运动能力的认识与了解，通过自己的努力去实现自己的目标，超越自我。

五、多元反馈体育教学模式操作程序

多元反馈体育教学模式的课堂程序结构主要包括以下三个部分。

（一）以教师为中心的控制系统

教师在教学过程中的主导作用要求教师要掌握学生的基本情况与状态，明确教学过程中信息传递的内容、速度、密度，以及教学过程中所使用的各种教学方法、手段和策略，同时教师还要对学生反馈回来的信息进行及时的评价与反馈，再适当调整教学内容、方法手段等，以达到最佳的课堂教学效果。

（二）以学生为中心的执行系统

学生是信息的接收者与处理者，学生的运动动机和运动兴趣决定了执行系统的运作效率，这就要求教师对学生进行多元的反馈，激发学生的兴趣。学生的个体差异性要求教师创设一个热烈而又和谐的教与学的环境与氛围，以学生为主体，激发学生创造性的思维活动。

（三）多元化输出的反馈系统

在多元反馈教学过程中，信息是一个输出、输入、反馈不断循环的活动过程，主要有学生与教师之间的反馈、学生与学生之间的反馈、学生与多媒体之间的反馈以及学生的自我反馈等，这种多元化的信息反馈形式有利于解决教学过程中出现的各种问题，促进教学信息的正常流动，促使课堂教学的有效进行。总之，在多元反馈体育教学中，教师与学生都是信息反馈的输出者、接收者。

六、不同类型的多元反馈体育教学模式分析

（一）多元反馈快乐体育教学模式

1. 理论基础

在多元反馈的基础上，结合快乐体育的理念，通过多元化的信息反馈和趣味性的身体运动，激发学生对体育运动的认识，强化学生参与体育运动的动机，让学生在享受趣味活动的同时提高身体素质、增加人际交往，为终身体育埋下伏笔。

2. 实施目标

通过多元反馈快乐体育教学模式的实施，以信息反馈为媒介，以运动项目为内容，引导学生认识体育运动、享受体育运动、终身体育运动，进而养成集体主义精神和乐观主义精神，使学生通过一堂体育课爱上体育运动。

3. 教学内容

（1）运动兴趣

学习动机是人类行为动机之一，动机心理学理论认为，学习动机是推动人类进行学习的直接动力和内部动机，学习动机支配了学生的学习行为，决定了学生的参与度和努力程度。在多元反馈快乐体育教学模式中，教学要抓住学生的学习动机，激发学习兴趣；通过信息的多元反馈，加强师生、生生之间的交流，提升学生的人际交往能力与社会适应能力，形成良好的人际关系，进而满足学生情感的需要。

（2）运动技能

学生对课堂内容产生了兴趣，激发了运动热情，就会变得更加主动积极，努力程度会大大提升。因此，我们就说一项运动技术的形成、发展和完善是为了满足学生个体发展的需要。运动技能的习得是学生主动学习、探索，甚至是创造的过程。

（3）健康意识、终身体育意识的培养

义务教育体育与健康课程坚持"健康第一"的指导思想，强调教学的实践性和学生的主体性，引导学生学习并掌握体育与健康基础知识，加强学生的身体意识与健康意识。

4. 教学程序

（1）教学步骤

①热身部分

主要包括"情绪热身"和"身体热身"，前者是指在课堂教学前期首先要对学生进行情绪的疏导，排解学生的不良情绪，引导学生对本次课的内容产生兴趣，调动学生学习的热情与动力；后者是指在体育教学中遵循循序渐进的原则，在进行中等或高强度负荷运动

之前，要使身体进行预热，既避免运动过程中发生损伤，又为专项运动的学习做铺垫。

②运动部分

主要包括对上次课重难点部分的复习和新授内容的教与学。教与学阶段的运动时间应不低于 20 分钟，运动强度应达到中等强度及以上，运动过程中要注意学生的情绪体验，增加信息的多元反馈，不宜拘泥于技术动作的教与学。在教与学的最后阶段，引导学生坦然面对学习结果：一部分人体验成功带来的快感，另一部分人激发斗志，提高抗挫折能力。

③放松部分

一方面包括放松学生紧绷的肌肉状态，促进运动后的恢复；另一方面是评价与反馈阶段，是师生在教与学结束后的多元反馈阶段，对教师调整教学策略与学生改进学习方法都具有重要意义。

（2）教学方法

首先，热身部分主要包括语言法、多媒体、示范练习与游戏法等；其次，运动部分主要使用讲解法、示范法、问答法、分组练习法、比赛法和游戏法等；最后，放松部分主要采用语言法和念动法等。

（3）教学评价

在多元反馈快乐体育教学课堂中，主要采用诊断性评价、形成性评价与终结性评价三者相结合的形式进行课堂教学评价。体育教学评价是体育教学过程中至关重要的一个环节，可以调控教学结构，调动学生的积极主动性，让学生体会运动的乐趣。

诊断性评价的主要内容包括学生的基本情况、身体素质情况等，即在"前馈信息"的评价基础上对课堂教学内容、结构等进行调整，实现与教学实际情况相结合。它是在正式教学之前进行的。形成性评价的主要内容有教师的评价和学生的自评。即教师根据教学过程中的反馈对教学活动进行评价，学生对自己的学习过程与效果进行评价，随后师生根据各自的实际情况进行教与学的调整。另外，教师要根据学生所输出的学习结果做出评价，并把评价结果反馈给学生。形成性评价是在教学过程中进行的，是为了监测是否达到了原定目标，从而优化课堂认知结构。终结性评价强调的是根据每个人不同的起点，分别找出各自的进步程度来进行评价。多元反馈快乐体育教学的评价是为了促进学生的发展。

5. 教学设计案例

（1）教学内容

欢乐跳绳。

（2）指导思想

学校体育教学始终坚持以激发学生的运动动机、培养学生的运动兴趣、形成终身体育意识为出发点，让学生在愉快、民主的课堂氛围中，享受运动过程、习得运动技能。本节课将按照多元反馈快乐体育教学模式的要求，充分发挥教师的主导作用和学生的主体作用，完善信息交流与反馈的方式和途径，形成一种自由、快乐向上的教学氛围。

（3）学情分析

学生有了一定的知识积累和生活经验，处于第二次身体生长发育高峰的初始阶段，心理上也发生了微妙的变化，独立性大大增强，但有时可能会不服从教师的指挥。所以教学中要求教师设置有一定难度的教学内容，抓住学生的兴趣点，尝试营造一种学生之间相互协作、共同完成目标和任务的课堂氛围。

（4）教学目标

①认知目标

通过跳绳运动，加深学生对自己身体的了解和对跳绳运动的理解。

②技能目标

学生掌握多种跳绳方法，发展学生的心肺耐力，提升学生的跳跃能力、协调性和灵敏性。

③情感目标

培养学生的自我挑战精神和目标意识，提高学生的合作能力，形成正确的、积极的比赛观。

（5）教学重难点

①教学重点

双手摇绳并脚跳。

②教学难点

上肢和下肢的协调配合。

（6）教学过程

①开始部分

教师首先用语言对学生进行情绪热身，随后伴着音乐以蛇形跑为导入进行热身活动。

②基本部分

本节课的跳绳内容主要分为单人跳绳、双人跳绳、三人跳绳。首先，由学生自主练习一分钟单人跳绳并记录自己的最好成绩，教师认真观察并做个别指导。其次，由学生自由组合，两人一组，一个人先跳，另一个人进入跟跳，记录两人的最好成绩，教师认真观察，给予学生及时的信息反馈和指导。再次，三人一组，学生自由组合，其中两人甩大绳，一人跳，并记录各自的最好成绩。让学生在一片自由欢快而又充满挑战性和竞赛性的氛围中享受运动的乐趣。最后,学生相互交流心得,教师做总结并给予不同学生或小组适当的评价。

③放松活动

跟随音乐做拉伸练习。

（7）场地与器材

①场地

操场。

②器材

跳绳、音响。

（二）多元反馈增强体质体育教学模式

1. 理论基础

在素质教育中,学校体育的最本质的目的就是增强学生的体质。健身知识技能的教学,是对学生进行增强体质的教育。体能训练是一切运动训练的基础,对全面提高学生身体素质具有至关重要的作用。

2. 实施目标

在多元反馈增强体质体育教学模式中,逐步形成"家庭联盟"的形式,即通过媒体的反馈,以及教师与家庭成员之间的信息反馈,实现家庭协助学校共同完成学生体育教育工作的目标,达到提升学生的身体素质、落实素质教育和终身体育理念的目的。

3. 教学内容

国家进行学生体质测试工作,根据测试结果制订学校体育教学的年度教学工作计划,并把测试结果反馈给体育教师、学生及其家长等相关人员,促进他们之间的信息交流与反馈,随后制订增强学生身体素质的具体方案,最后由师生、家长及学校协同完成本项工作,养成学生科学锻炼身体的习惯。

4. 教学程序

（1）教学步骤

①热身阶段

主要分为情绪热身和身体热身,即课前要调动学生的积极主动性,明确本次课的目标、主要任务,让学生斗志昂扬、信心满满,随后进行身体上的肌肉热身活动等。

②运动阶段

学生根据自己的体质测试结果以及教师布置的运动内容和预先设置的运动手段分组

进行练习，在这个过程中，教师要给予不同程度的指导与监督，保证体育课的有效进行。

③放松阶段

主要包括身体放松和心理放松，教师首先要运用科学的放松手段帮助学生放松肌肉、拉伸韧带，其次还要对学生进行心理上的疏导以及在运动目标上的明确，达到锻炼身体、增强体质、愉悦身心的目的，并且期待下次课。课后，教师布置体育活动作业，家长督导、协助共同完成，并把完成结果反馈给体育教师，以此调整并改善教学计划。

（2）教学方法

多元反馈增强体质体育教学模式的教学方法主要包括两种：一是分组教学法，根据体质测试结果，选择运动内容相同的学生分在同一组进行运动训练；二是情境教学法，教师应帮助学生营造一种健身房式的课堂运动氛围，并以健身教练的身份和语气对学生进行个别指导。

（3）教学评价

采用诊断性、形成性和结果性评价相结合的方式进行多元反馈增强体质体育教学的评价。首先，在正式体育教学之前，要对学生进行体质测试，以了解每个学生的身体素质情况，方便体育教学工作的开展；其次，在教学过程中，通过学生的表现以及家长的反馈，对教与学的过程进行合理的评价，进一步调整教学工作计划，使之更符合学校体育教学目标的发展方向和学生的身体发展需要；最后，要对学生全年的学习结果进行最后的评价。

5. 教学设计案例

（1）教学内容

仰卧起坐（1min）。

（2）指导思想

为了应对学生身体素质不断下降的局面，必须加强学生的身体素质练习。通过学校体育锻炼和家庭督导体育锻炼的结合，加强学校、体育教师以及家长等多方对学生身体素质的共同关注，有针对性地、全面地增强学生的体质。

（3）学情分析

学生对自己的身体有了一定的认识和了解，运动的能力和控制力得到了提升。他们对新事物、新器材等充满好奇心，急于通过展示自己、表现自己而得到认可。因此，教师必须抓住学生的好奇心，把学生的注意力和兴趣长久地保持在体育课中，并通过仰卧起坐的学习，强化学生的规则意识、挑战精神与合作意识，让学生开始关注自己的身体变化，保持愉悦的学习态度参与到体育课中，增强体质、锻炼身体。

（4）教学目标

①认知目标

让学生了解做仰卧起坐时要低头含胸，加强对身体的控制力，主动掌握仰卧起坐的多种方法。

②技能目标

通过教学，大部分学生能够掌握仰卧起坐的正确技术动作，学生的腰腹肌力量得到锻炼和发展，身体素质提升。

③情感目标

通过学习，培养学生的合作意识与合作能力，养成学生坚毅的意志品质。

（5）教学重难点

①教学重点

低头含胸。

②教学难点

对身体的控制能力。

（6）教学过程

①开始部分

教师语言导入，如"同学们有没有去过健身房？今天教师就以健身教练的身份对我们的会员（学生）进行仰卧起坐的指导与练习。接下来我们先进行简单的热身活动"等。

②基本部分

首先，把学生两两分成一组，以小组的形式进行学习。教学之前，教师提问："谁会做仰卧起坐？"请会做仰卧起坐的学生展示给其他学生看，随后请学生讨论该学生做得对或不对，教师讲解并示范仰卧起坐的正确做法，学生认真听讲并积极模仿教师的动作。教师认真观察学生的表现并进行个别指导。最后，学生以比赛的形式相互记录本节课各自的一分钟仰卧起坐的具体成绩、表现。

③放松部分

首先对学生进行心情疏导，随后进行肌肉放松活动，最后进行调息练习——吹气球（鼻子吸气，嘴巴吐气）；布置课后作业，由家长引导学生共同完成，把完成成果反馈给体育教师并做记录。

（7）场地与器材

①场地

篮球场。

②器材

体操垫、秒表等。

（三）多元反馈成功体验体育教学模式

1. 理论基础

多元反馈成功体验体育教学模式是基于多元反馈、成功教育和挫折教育的理念提出来的，力求通过多元化的反馈形式和成功的体验经历来改善中国学校体育教学中的"不成功、失败、单一化的"体育教学现状。

多元反馈教学的特点包括全面性、具体性、及时性等，在多元反馈课堂结构中，教师是控制系统的中心，在教学中具有主导作用，学生是执行系统，教师与学生在信息反馈系统中既是接收者又是输出者。

2. 实施目标

在教学过程中帮助学生树立个体目标，引导学生在体育学习过程中学会自我教育、自我反思和自我反馈，养成学生和自己比较的习惯。即通过自身的努力，克服挫折和困难，从而达到学生自己满意的效果、获得成功的体验、实现自我效能感不断提升的目标。实现学生运动兴趣和运动动机的无限激发，为终身体育活动的形成奠定基础。

3. 教学内容

（1）经过简化和创编后的课程内容

通过改编成人化、竞技化的运动项目，把学生从竞技体育的桎梏下解放出来，注重在教学过程中发展学生的协同合作能力，让学生群体去创造快乐，从而使人人参与体育活动成为可能。

（2）健康的心理状态

以发现与探究的教学形式贯穿整个教学过程，通过成功的快乐体验，不断加强学生的心理建设，让学生体会到成功的乐趣，形成积极乐观向上的人生态度、学习态度。

（3）终身体育意识的养成

在学校体育活动中，通过精心设置的一系列教学内容，传递给学生一种观念：他们通过努力，可以在学校学习中取得成功。引导学生在成功信念的指引下，能够把事情做得更好，进而激发学生对体育活动的参与度和积极性。

一次成功的体验可能激发学生无数次追求成功的信心与渴望，因此多元反馈成功体验体育教学要抓住学生渴望成功的动机，"投其所好"，逐渐养成学生的体育运动习惯，加深对体育运动的理解，让"终身体育"自然而然地产生并延续下去，从而提升学生的综合素质。

4. 教学程序

（1）教学步骤

首先进行的是教学诊断，然后帮助学生建立自己的个体目标，并且使学生不断超越自我目标。最后，师生、生生之间进行信息的交流与反馈，教师、学生群体以及学生自己进行教与学的评价，通过反馈的信息，教师调整教学过程，最终让学生获得成功的体验。

（2）教学方法

多元反馈成功体验体育教学模式的人人参与性和人人获得成功体验的特点要求我们在教学方法上进行相应的改进。例如，降低难度教学法，为了尽量减少学生的挫折体验，要根据学生的水平制定不同的目标；异步教学法，根据学生的能力差别，设置不同的起点或终点，帮助体育后进生获得领先的成功体验；游戏教学法，通过设置不同形式、不同内容的体育游戏，调动学生的运动热情和运动积极性，让学生体验运动的乐趣。

（3）教学评价

多元反馈成功体验体育教学模式以奖励性评价为主，采用教师评价、学生集体评价与学生自我评价等多种评价相结合的方式进行及时的评价、交流与反馈。

5. 教学设计案例

（1）教学内容

障碍跑与蹲走滚球。

（2）指导思想

基于多元反馈和成功体育教育的理念，改变以往传统体育课上只是少数体育优等生取得成功、获得成功体验的局面，使越来越多的学生感受到成功带来的快乐，提升自我效能感。让学生爱上体育课、爱上运动。

（3）学情分析

很多学生活泼好动，表现欲和模仿能力强，运动参与性和积极性高。但由于年龄较小、正式步入课堂的时间不长，所以纪律性和规则意识较差，有时难以控制自己的行为。在教学中，教师通过仔细地观察和积极的交流获得反馈信息，及时对教学过程进行调整，使学生保持高昂的运动精神，通过自己的努力获得成功的体验。

（4）教学目标

①过程与方法目标

培养学生的规则意识，让学生了解障碍跑和蹲走滚球的动作方法和流程。

②知识与技能目标

通过探索与练习，学生掌握障碍跑和蹲走滚球的技术要求。

③情感、态度与价值观目标

帮助学生体验运动成功带来的乐趣，使学生不断挑战自我，一步步获得成功，激发运动动机。

（5）教学重难点

有效的课堂组织与管理。

（6）教学过程

①开始部分（10min）

首先对学生进行情绪热身，通过"动物模仿秀"调动学生的积极性，接着引入热身操"七彩阳光"，师生同做热身操。

②基本部分（25min）

教师通过语言讲解和动作示范，使学生了解障碍跑和蹲走滚球的规则和要求。障碍跑主要包括五个环节，即"走过独木桥（平衡木）、跨过小河（小体操垫）、滚过草地（大体操垫）、钻过山洞（跨栏杆）、把物资（垒球）运送到地震灾区（盆子）"；蹲走滚球主要设置了四个标志杆，学生蹲走滚动篮球依次绕过标志杆即为完成任务，取得成功。教学中使用分组教学法，把男生和女生分成两组，由组长带领学生分别进行本节课的主要内容。十分钟后交换运动项目，并派各组代表讲出各自活动内容的难点和注意事项。教师在活动中积极鼓励和引导学生按照要求完成各自的任务。

③放松活动（5min）

首先教师做总结并给予鼓励性评价，提问学生本节课学了什么内容、有没有完成任务等，随后伴随着音乐《幸福拍手》，跟着教师做放松操。

（7）场地与器材

①场地

操场。

②器材

体操垫、标志物、标志杆、跨栏杆、篮球、垒球、平衡木、音响等。

七、多元反馈体育教学模式的教学意义

（一）导向、激励作用

反馈、评价不是多元反馈体育教学的最终结果，而是为了促进学生的发展。无论是教

师的肯定性评价还是否定性评价，都要引导学生明确下一步的发展方向，明确学习活动的具体目标、任务。根据教师的自我评价和学生对自己的评价，教师应该适时适当地调整教与学的过程。多元反馈体育教学通过多元化的评价，激励学生、教师不断地自我学习和自我教育，向着终身体育的方向不断进取。

（二）及时调控教学过程

在多元反馈体育教学过程中，要想发挥控制系统的重要作用，教师必须了解学生的基本信息、学习态度等，抓住有效的教学信息反馈，以此掌握教学的实际情况，及时调整教学过程，使其朝着预期的目标方向发展。与此同时，学生也可以根据教师和同学对自己的评价和反馈，及时调整自己的学习状态、学习行为和学习方法，进而使教学活动过程更加合理化、科学化，教学效果实现最优化。

（三）营造良好的人际关系

多元反馈体育教学以信息传递为媒介，拉近了学生与教师、学生与学生、学生与教材之间的距离。学生同教师之间的信息反馈，既促进了教师对教学过程的把控作用，又加深了学生对教学内容和任务的理解与完成能力；学生同学生之间的信息交流与反馈，能够帮助学生接触到不同的观点和表现，站在不同的视角对待事物、看待问题；学生同教材、媒体之间的信息反馈，能够激发学生的学习主体性和主动性；学生的自我反馈，能够促进学生进行自我评价，加深学生的自我认识，实现真我。简言之，多元反馈教学能够改善学生的人际关系、提升学生的人际交往能力。

（四）培养学生观察、分析、解决问题的能力

在多元反馈体育教学过程中，信息反馈具有的多向性、多元性特点，有利于发挥学生观察、分析和解决问题的能力。在教学中，教师提出问题或设置问题，学生进行讨论后把信息反馈给教师，这个过程不但实现了师生、生生之间的信息反馈，也使学生学会了观察、分析和解决问题的方式方法。此外，教师还可以以复习的形式让学生回忆并复述上节课的重难点，如有遗漏，则进行补充，培养学生细心观察、认真分析、努力解决问题的能力。

第四章　体育教学方法

第一节　体育的理念性教学方法

教学思想理念可认为是教学的"上位"。因为，任一教学方法都是教育思想理念的脚注，其都对教学方法具有本质性、概括性和指导性的论断。

纵观现代教育发展的历史，几乎每一种成功的教学方法都反映了其特定的教育教学思想理念的方向性，作为其外化形式在实践中发挥作用。教学方法渗透着教育价值判断的取向，任何一种教学方法都离不开价值理念性的指导，体育也不例外。教学方法的改革不能撇开教育思想理念，如果唯方法论，这样无论采取何种措施，都不能见到效果。只有把教学方法与教育理念统一起来去认识、去研究、去改革，教学方法在实践中才会有新的突破。从而得出论断，理念性教学方法是体育教学方法体系的构成与存在，是体育教学方法体系的组成部分。

一、理念性教学方法的概念和辨析

上述揭示，理念性教学方法是教学方法的准绳，属于教学方法的上位概念。其体现着各种不同教育理念流派的特定教育价值取向，规范着教学方法的设计、选择与实践方式的行为方向。将教学的思维和行为方式与运用程序和准则进行定位，为教学方法的应用设计提供有力的理论支持，是教学方法实施的重要思想基础。对教学方法的行为的准则性、目标的针对性、实施的程序性、载体的模式性和内容的法定性，不同教育理念流派有不同的表现。

行为主义教学理念强调外在刺激的强化作用，主张通过奖惩物的控制和安排来调动学生学习的需要。

认知主义教育理念注重学生内在的认知需要，主张通过增强教学认知的吸引力来激发学生的学习需要。

建构主义教育理念力求消弭教育将狭隘的理性和抽象的推理过程视为完整人生的标准加以过分强调的弊端。其强调基于学生自身经验和最近发展区的主动建构过程的"情境""协作""会话"和"意义建构"的学习机制，倡导把教推向学的新型学习方式，力求为教学发现更多的联合因素。

人本主义教育理念以其独特的哲学认识论，通过对人与世界的诠释，认为人有自我实现的内在需要和独特潜能，因而关注成功体验的作用，重视学习的自由感和成就感，注意发挥学生的主体地位。

多元智能理论使我们深入了解了人类智能的本质，摆脱了传统智商理论的局限，为教育理论与实践带来了突破性的启示。它告诫我们，人没有聪明与不聪明之分，每个学生都有自己的优势智能领域，每个学生都存在八种不同智能不同程度的组合，每个学生都会以自己不同的方法来学习、表征和回忆知识。教学要认识、尊重和充分利用个体智能差异，应针对每个学生的不同需要而使用不同的教学方法，充分发挥每个人的智力潜能，最大限度地利用个体特征促进学习，根据学生的长处与短处致力于学生的整体发展。

后现代主义课程批判了现代主义知识观的僵化、封闭的弊端，以解放知识的多元观和有机观为奠基，提出了以流动性、生态性、交互性、包容性为特征的后现代课程目标观，可为全面审视我国基础教育课程的现状，实现课程的转换及正在进行的新课程改革提供富有建设性的依据与参考。

由此可见，理念教学方法不仅是一种教育观，而且是人本观、社会观。一方面，它反映着教学是由社会实践决定的，即教学是社会有机整体的一部分，是随着社会历史发展而形成、演化和进步的，它与社会各因素具有复杂多样的关联性。另一方面，它表现为理念教学方法是一个特殊的观念表现，存在多种多样的社会性和文化价值性的取向，与人的存在形式和生活形式等都存在着复杂的关联，这些因素交织在一起对教学方法发挥着作用，内化于教学的实践活动之中，也体现在教学方法的选择与优化过程之中。它可以使教师反省自己日复一日的教学行为的合理性，重新思考那些习以为常的教学行为，更加自觉地运用教育理论对日常教学进行自我监控和调整，真正实现由"工匠型"到"专家型"教师的转变。

但需要指出的是，理念性教学方法"不具有操作性，不能直接运用于学校各科的教学之中，而是通过影响教学主体的思想、观念，渗透到各科具体教学的设计和实施中"。其宗旨和构想旨在使教师在教学设计时，能够在拟真教育情境中，面对复杂的教育问题做出选择和判断，生成文化自觉的元专业性的见识。它能帮助教师从不同的角度、不同的变量和因素去考虑看待教育教学问题，富有成效地思考和提升已有的教育经验，解决基于个体经验教学实践性的决定和决策。

这些教育思想观念体系，在教学发展的过程中，从哲学、社会学、文化学、教育学等领域都对教学方法与学生身心发展规律进行了深入探讨，逐步确立了其教学的基本原理与方法，对于改变教师的思维方式，推进教学的改革与发展，优化教学活动，促进学生全面发展，无不具有重要的价值。近年来，随着教育全球化浪潮的不断迈进，这些具有深远历史渊源的思潮向教育领域全面涌入，迫使体育教育工作者不得不对其与体育教育的关系重新进行全面深入的研究探讨与思考，以揭示其对我国体育新课程教育与应用的启示。所以，对其进行驻足和研究是必要的和有意义的。

二、理念性教学方法对体育教学的影响与启示

我国新一轮基础教育课程改革对课程目标、结构、内容、实施、评价和管理进行了全面调整和定位。其观念之新、范围之广、力度之大，是中华人民共和国成立以来前所未有的，也是我国近代教育史上所少见的。可以说，这一新课程改革的形态不同于中国传统教育发展的逻辑，也有别于西方理论视野勾画出来的现代教育形态。其源于中国特色的改革和建设发展模式的勾勒，其源于当代全球化教育新路向的关联，使新课程改革正经历着一场"非古非西"的变革。改革是有意识地前进，就目前体育新课程实施存在的问题状况来看，转变教育和教学的思想，清除头脑中原有的与新课程不相适应的观念，改变与新课程不相适应的教育教学方式和方法，有赖于教育理论的传播，促进教师对其深刻理解，否则，难以使广大基层教师摆脱在体育新课程改革中所面临的困境。由此揭示出如何让广大体育教师如同专业研究者一样，真切感受全球性的、国际化的教育理论，并将其纳入自己的知识体系，进而亲身实践这些理论，转变教育教学行为。

上述得出，教育改革既需要先进教育理念的指导，也需要成功的价值判断的支撑。改革是有意识地前进，有什么样的教学观、学习观就有什么样的教学行动。为此，以下选取一些与体育新课程教学有关联性且影响较大的教育理论进行讨论，帮助广大教师加深对理念性教学方法的认识，取其真理为我所用，回应新课程教改的要求，提升其适应性及专业性，促进教师专业化教学能力的发展。

（一）行为主义教育理念对体育教学的影响与启示

行为主义教育理念是 20 世纪教学理论的代表性学派。虽然它忽视了学习过程的开放性和学习中的交互作用，对学生的内因、思想意识和情感意志也未得到应有的重视，孤立于只有知识学习方面的要求，显然是不足与片面的，但它的出现使学校课程教学设计第一次有了系统的、高效的评价方式，为教学组织行为及计划指标的构建、执行、沿用提供了诊断工具和程序，为如何"安排"教学提供了一系列的准则，使教学评鉴有所依据，至今仍是非常可取和不可缺少的。它有以下几种理念性方法可帮助教师提升教学环境、催化有

效教学，使教学生涯走上新的台阶。

1.行为主义学习观的影响与启示

行为主义学习理论认为学习的本质是行为的变化，即学习活动发生后，学生要有可观察、可测量的外在变化。要让学生做出合乎需要的行为反应，就必须在行为发生后有强化性的效果。如果一种行为得不到强化，就会逐渐消失。在学习过程中加强练习和反复刺激，是提升学习效果的良好方式。斯金纳认为，教育是按照"刺激—反应—强化"的程序进行的，应将学习内容按照一定的逻辑顺序组合起来，引导学生循序渐进地去掌握，所以强化训练是解释机体学习过程的主要机制。虽然行为主义理论由于过分推崇"学习行为"的量化效率性，忽视了"人"的学习价值，把学习送回"生物的怀抱"，但其强调教学的效率性仍然是现代教学的出发点，也是体育新课程的旨归。下面我们分两点进行讨论。

（1）强调反复练习是体育学习的重要条件

体育实践证明，强化是体育学习的重要基础。"刺激—反应"的学习原理与运动技能学习理论密不可分，体现运动技能形成和发展的过程，即泛化、分化、巩固和自动化的四个阶段，是一套刺激—反应的运动链联系系统。因此，要让学生做出正确的动作反应就必须在学习过程中适时地给予强化，而体育学习中的练习就是强化的重要表现。学生在最初观察和模仿教师的示范动作之后，还不能完整地掌握动作，只有通过反复练习才能强化正确动作，巩固刺激与反应之间的联系，避免动作记忆的消退和遗忘，最终建立巩固的、自动化的动力定型。因而，对其如何科学把握仍是体育新课程关注的重点。

（2）反馈刺激是增强教学效果、提高教学质量最好的方法

概括地说，学生在练习中及时获得教师的反馈信息，会缩短学习的时间和过程，同时获得心理上的关爱，会产生"亲其师，信其道"，"我师爱我，我爱我师"的信念，提高学习的效果。因而，通盘考虑体育教学情境的各种可能性，协调看待有关体育教学如何根据学生的特征，提供支持交流的教学情境的选择，指明每一类学习结果需要的"适配性"媒介，为学生提供精确的反馈就至关重要了。行为主义者桑代克说："满意或不舒适的程度越高，刺激—反应的联结就越强或越弱。"布卢姆认为："掌握学习的实践证明，良好的反馈可以起到激励作用，使学生在以后的学习中表现出更浓的兴趣、更强的决心，形成良性循环。"

2.行为主义教学观的影响与启示

行为主义教学观以"刺激—反应"说为理论基础。桑代克认为，全部教学无非是一种训练——培养对某种刺激引起反应的过程。一定的成绩产生一定的反应，而连接刺激和反应的是知识。这种教学过程基本上是一种灌输，以生物化的解释，抹杀了教学的社会性。

但它改变了教学主要凭教师个人经验与体会来指导，没有人来评教的弊端。使教学不再停留于经验的推断而有了确凿的实证分析，增强了教学的精确性、可靠性，体现了现代教学有效性的精神，丰富了现代教学的理论方法。体育新课改初期我们错怪了它、尘封了它、丢失了它，导致体育课教学无密度、无负荷、无评价，没有收获教学应有的实质，不能说不是一个教训。因而它可帮助教师充分认识到影响学生行为的各种因素，通过对因素的操纵，可以预防不良学习行为的发生，并引导其产生预期行为。

为此，这一思想对于综合改革教学内容、方法和形式，优化学校体育教育、教学过程，提高教学质量等仍具有较高的科学性，可帮助深化对体育课教学本质与规律的认识。对此，我们可以更具体地作如下阐述：

（1）其重视课程内容的范围和顺序的逻辑性，为系统教学做好了准备。

（2）它预设了学习目标、学习方向和学习过程的教学策略与方法，保证了认知目标的实现。

（3）把时间视为有限的资源，以阶梯结构相互勾连，加以最大限度地利用教学要素的活动，不游离于浪费，保证了教学组织的最有效实施。

（4）它为诊断教学行为的表现与预期达成的教学效果、提高教学质量与能力，提供了规准（如桑代克准备律、练习律、效果律）。

3.行为主义评价观的影响与启示。

（1）虽然如何教学的目的都需要结果的论断但其只重结果不看过程，不管学生的差异和能力，一考定结果是偏颇的。

（2）仅根据考试分数的指向表征形成评语，并以此列出学生的弱点，这样的评价是不全面的。

（3）即使学生再努力，分数不好也是差生——这一观念没有从知、情、意、行整体考虑学生学习的历程，割裂了知识学习与智能发展统一的教学目标的全面化。当前我们要走出囿于窄化的微观学习的狭义评价理解和简单运用的思想，展开对学习评价方式更高的理论层次上的综合与概括，把学习评价问题的研究推向新的更高起点，使之与信息时代生产方式与生活方式相适应。

（4）需要指出的是：

第一，尽管行为主义教育理论有这样或那样的缺点，但是，正是他们的兴起才使教学成为科学研究的对象，为后人的研究奠定了基础。几乎后来每一学科的新发现和新理论都直接或间接支持了它的基本思想。在今天的体育教育中，我们仍然处处感到早期行为主义教育理论不可磨灭的影响，享用着它的指导作用。第二，虽然这一理论由于其历史局限性，学习的类型只能适用于人类机械记忆学习、联想学习等。但加涅的累积式学习理论指出，高级学习的前提条件是建立在低级学习基础上的，人的发展正是从低级学习走向高级学习的。

（二）认知主义教育理论对体育教学的影响与启示

认知主义教育理论是当今世界一种重要的国际性教育思潮。它产生于德国格式塔学派的顿悟学说，继而受认知心理学的影响驻足于知识与人的学习能力、认知能力的研究，使"如何教"的合规律性、合理性等教学论的一些基本问题得到认真探讨。根据受教育者的心理活动规律确立了教学过程和阶段、手段和方法。运用心理学成果及其实证为心理学和学校教育的结合开辟了道路，成为一种有效指导教育教学的理论。由于其只注重知识认知的记忆积累，把学习看成是信息的加工过程，这虽然有利于教学内容与计划的完成，但这样的教学忽视了其他各种学习方式的存在，并把它推到了极端。把生动活泼的体育学习囿于认知领域，难以拓宽学生的视野、贯通时代创新的要求，抑制了学生主动性和创造性的发展。虽然后期奥苏伯尔、布鲁纳、布卢姆、加涅等人的新思想促进了从多元的角度研究该理论，但其对"人"的缺陷还是存在的。正如教育家佐藤正夫所说："它是把教学论解释为教学手段与教学方法的认知研究。"

1. 认知主义学习观的影响与启示

认知学习理论强调整体学习观，强调教学性创造情境引起学生的反应，重视认知学习理论的操作性，关注目标的预期学习结果，突出了理论与实践的结合。但其较少考虑情绪、意志等因素对于过程的具体作用，把能力仅仅归结为大量有组织的知识，忽视了人的思维能动性的作用，这一点应引起我们的注意。我们应把握认知主义整体教育观，例如，学习是认知结构的形成和改组，重视学生学习的迁移能力、主观能动性等教学设计，可帮助我们优化和提高教学水平。下面我们详细讨论。

（1）外部刺激的接受取决于学生内部的心理结构，而不是外显的刺激与反应

认知学习理论告诫我们，教师的教学信息要引起学生注意，即必须打通学生的多种感觉通道。这要求我们注意运用多样变化的学习情境条件，引起注意、引发动机，激活感受。不仅仅要"引起"，同时还要给予"维持"。这是引起注意的理想效果。如通过音调、手势、动作、表情，还可以通过提问、演示、图解等引发学生的兴趣，以达到使学生产生警觉的目的。

（2）学习的基础是学生内部心理结构的形成与改组。

认知学习理论告诫我们，学生良好认知结构的形成，是从良好的教材结构同化过来的。

要重视在旧知识和新知识之间设置中介的连接，启发思维，由此及彼，同化新知。

（3）不平衡的原则，即个体认知结构进行学习不成功，则会导致结构失衡

认知学习理论告诫我们，学生的认知发展就是观念上的平衡状态不断遭到破坏，并不断达到新的平衡状态的过程。因此，教师应当善于创设问题情境挑起冲突，使学生在利用已有的知识、经验和能力解决问题时产生观念上的不平衡，让学生能够较为清楚地看到自身已有知识的局限性，从而努力通过学习活动达到新的、更高水平的平衡。在教学中要为学生的主观能动性创造情境，使学生作为一个积极的参与者出现。

（4）迁移的原则，新的认知结构会受到以往认知结构的影响

认知学习理论告诉我们，学习材料既要以归纳序列提供，又要以演绎序列提供。在学习过程中要注意掌握一般原理构造合适的问题情境。注意培养学生的认知策略以及认知的能力。布鲁纳说："我们必须考虑以往认知结构对学习的影响。"

2. 认知主义教学观的影响与启示

认知主义教学观强调对教学内容认知逻辑的教法加工，强调对学生学法、认知思维水平的组合。其"发现学习理论""有意义的学习"等理念打破了长期以来追求高效率学习与对人的发展之间的矛盾，传授系统知识与学习兴趣之间的矛盾。较为契合 21 世纪教学论发展的时代精神，从中可窥见新世纪教学论解放人的基本特质。

根据以上认知学习理论关于学习的基本观点，与教学实践结合，国内外研究者们提出了一系列指导教学设计的原则，国内学者将它们归纳为以下认识，可为我们丰富体育新课程教学活动的整体特征、全面深刻地理解教学活动提供帮助和保证。

（1）要使学生学会学习，就要注意培养学生学会学习的意识，以及认知能力。

（2）用直观的形式向学生展示学科内容结构，应该让学生了解教学内容中涉及的各类知识之间的相互关系。

（3）学习的材料要以归纳序列提供，又要以演绎序列提供。应适合学生认知发展水平，按照由简到繁的原则来组织教学内容。这里所说的由简到繁是指由简化的整体到复杂的整体。

（4）学习以求理解，才能有助于知识的持久和可迁移。

（5）向学生提供认知反馈，可以肯定他们的正确知识和纠正他们的错误学习。虽然行为主义教学理论也强调反馈的重要性，但行为主义教学理论一般将反馈作为一种假设检验。

（6）学习材料应体现辩证冲突，适当的矛盾有助于引发学生的高水平思维。

3.认知主义评价观的影响与启示

认知主义的教学评价与行为主义几乎同出一辙，以"掌握知识多少"为评价目的。评价缺少全面性，仍然是单方面、直线式、孤立化的评价。以形成性的测试揭示学生学习中存在的问题，协助他们矫正错误，仍然没有改变"分数是学生的命根"的状态。在这样的情况下，少数学生能够得到鼓励，体验成功，大多数学生成为失败者。虽然有布卢姆"掌握学习理论"的存在，但其依旧羁绊在纠正错误、提高成绩的窠臼，缺少对学生发展的教育性与发展性的思考，不适应素质教育评价的要求，应引起广大体育教师的注意。

最后应指出的是：认知主义教育理论揭示了学习过程中的某些机制，对于处理体育学习的认知性内容可给予良好的指导，是教师必备的知识。但它却脱离了社会实践来研究人的认识活动，把学习归结为单纯的心理过程和意识系统，把人的认识活动归结为纯粹的认知行为，甚至类比或等同于计算机对信息的机械加工，从而表露出其片面性。事实上，人的一切自觉能动的活动都应是认知、情感、意志三个子系统协同配合的结果。在体育学习中，学生的学习不仅表现在认知方面，还表现在动作技能、情感、态度等方面；学生的学习不仅受已有认知结构和内容逻辑结构的影响，还受其他主客观因素（如个人的情感、意志、个性，自然环境和人文精神等）的影响。因此，在体育教学中，不能把学生的学习只聚焦在认知上，而忽略其他非认知因素。显然，其存在一些不足，但认知主义教育理论所发挥的作用及在体育、教育和教学改革中的引领地位是不容否认的，至今人们对认知主义教学模式依然兴趣盎然。

（三）建构主义教育理念对体育教学的影响与启示

建构主义理论是20世纪80年代以后兴起的，是当今世界一种重要的国际性教育思潮，对世界各国的教育产生着重大影响。建构主义是对行为主义和认知主义的进一步发展。与行为主义和认知主义相比，建构主义更加关注学生如何以原有的经验、心理结构和信念为基础来建构自己独有的精神世界。建构主义教育理念是新课程的支柱，其把教推向学的理论，深深影响到学校教育的各个层面，其对教师地位与作用的看法，对我国新课程教育教学影响较大，其思想和主张已深深地渗透在我国新课程之中，指导着我们的教育教学。建构主义教育理论有以下理念方法，可帮助我们在教学中发现更多的联合因素，体会为"学习而设计"的可行性和有效性，使我们成为拥有新课程知识"财富"的人。

1.建构主义学习观的影响与启示

关于学习的含义，建构主义认为，学习是获取知识的过程，但"知识不只是通过教师传授得到的，学生还可以在一定的情境即社会文化背景下，借助其他人（包括教师和学习伙伴等）的帮助，利用必要的学习资料，通过意义建构的方式而获得"。强调学生在学习过程中（"情境""协作""对话"和"意义建构"的学习环境），会产生一种与人、事、物的互动或接触，这种互动是一种内化建构的过程。这意味着学习是主动的，学生不是被动的刺激接受者。外部信息本身没有意义，意义是学生通过新旧知识经验间反复地相互作用的过程建构而成的。如"学会数理化，走遍天下都不怕"，但学生偏不学，外部信息本身便没有意义；实施体育选项学习满足了学生的愿望，学生才爱学，外部信息才有意义。

2. 建构主义教学观的影响与启示

建构主义强调，学生并不是空着脑袋走进教室的。在日常生活中，在以往的学习中，他们已经形成了丰富的经验，小到衣食住行，大到宇宙、星体的运行，从自然现象到社会生活，他们几乎都有自己的一些看法和主张。有些问题即使他们还没有接触过，没有现成的经验，但当问题出现时，他们往往可以基于相关的经验，依靠他们的认识能力，形成对问题的某种解释，做出合乎逻辑的假设。所以教师不能无视学生的这些经验另起炉灶，不能只是从外部装新知识，而要将学生现有的知识经验作为新知识的生长点，引导学生从原有的知识经验中"生长"出新的知识经验。

3. 建构主义评价观的影响与启示

由于建构主义强调认识主体在知识获取过程中的主动性、独特性和社会性。所以建构主义认为，教学评价应该在活动中进行、在任务中进行、在表现中进行、在协商中进行、在合作中进行。应给学生一个具体、生动的印象，应通过各种形式将上述各种评价情境中的活动式、任务式、表现式予以加深。其理论基础是来自建构主义的认知弹性理论。如前所述，认知弹性理论倡导随机访问教学，而活动式评价由于具有多样性和灵活性，能较好地适应这种教学形式，同时，它能够充分展示学生的个性特征、能力特征和学生的认识过程，是一种非常有效的学生作业评价方式，也是新课程倡导的。

最后指出的是：建构主义教学设计模式关注教学活动中学生的主体性作用，强调学生面对具体情境进行建构的意义，这相对于具有客观主义特点的行为主义教学设计模式和认知主义教学设计模式是一种进步。它使人们重新认识了学习的性质、教师的作用和教学的本质，重新认识了现代化、信息化、全球化时代教学的目的、任务和方法，为我们改革传统教学带来了良方。这是一种极具魅力的教学设计模式，其广泛实施将是一场学习的革命、教学的革命。当然，这些模式还处在不断的争论、发展和完善中，需要研究和思考的问题很多，实施中的挑战亦不可低估。同时，这些模式中的过于强调学生的经验、否定教师主导作用的倾向，是不可取的，要坚决予以否定。

（四）人本主义教育理念对体育教学的影响与启示

人本主义教育理论产生于 20 世纪 70 年代，以马斯洛、罗杰斯为代表。也是后现代教育思潮的一部分在教育中的反映，是在人们为了使教育适应"后工业社会"，对教育的"现代性"进行深刻反思的基础上形成的。以人本主义心理学为基础的人本主义教育理论认为，人生来就有学习的潜能，学生是学习的主体，弘扬个性学习能力的培养，倡导学习的关键在于使学习具有个人意义，现代社会中最有用的学习是了解学习过程，促进认知和情感的统一，以便培养出完整的人。

1. 人本主义学习观的影响与启示

人本主义学习理论认为，学习是人固有能量自我实现的过程，学习的实质在于形成和获得经验，学习过程就是经历的过程。因此，应从人的直接经验和内部感受来了解人的学习行为。它认为，学习是发挥人的潜能、实现人的价值的过程，在这个过程中，学生的自我参与、自我激励、自我评价和反思具有重要作用。正如人本主义代表罗杰斯所说："学习即理解，是个人对知觉的解释过程；学习即潜能的发挥，人具有学习的自然倾向或学习的内在潜能，学习是一种自发的、有目的和有选择的学习过程；学习即'形成'，人在学习过程中获得知识和经验，获得如何进行学习的方法或经验。"

2. 人本主义教学观的影响与启示

人本主义教学观主张尊重学生的本性与要求。主张教学的职能是"充分地培养出名副其实的人，而不只是提供人力资源"，教学的价值就在于为每个学生提供真正有助于个性解放和成长的经验，教学要重视人的存在，强调学习的内部动机基础，反对那种过于强调外力塑造和教师权威的教学，注重人性化教学，强调以学生为中心的教学、陶冶情感的教学、成就感教学、具有安全感的学习气氛。用罗素的话来说，我们不应当把学生当作手段，而应当把学生的发展本身当作目的。这种价值观强调学生的自由与独特性、整体性、自我指导性，认为学生自我学习的理智训练、心智的发展和完善比理性知识的获得更为重要，人格的陶冶比知识的掌握更重要。这种强调学生个体自由发展的教学价值观，与强调满足知识需求的教学价值观相比，给了学生以自主的人的地位，学生已不再被当成是为适应外在环境而被训练的对象，而是在学校和教师的帮助下，完成一定阶段上自我实现的人。正如人本主义心理学家马斯洛和罗杰斯所强调的，教师要尊重学生的兴趣和爱好，尊重学生自我发展的需要，在教学内容设计上给学生充分的自由，允许学生根据自己的兴趣和爱好以及自我理想来选择有关学习内容，而不应该把学生不喜欢的东西强行地灌输给他。马克思在《资本论》中认为人的先天和后天的各种才能和志趣是道德和审美能力充分发展的又一个领域，并把其称为"真正自由的王国"。

3. 人本主义评价观的影响与启示

人本主义评价观认为，用测验成绩的记录表明学生学业等级，有利于选拔优秀生，淘汰差生，对教师了解学生的差异情况也是有利的，但易使差生破罐破摔，偏离学校教育的目的。实行多种水平评价可改变这一现象。从某种程度上讲，多种水平评价不仅可使优秀学生看到自己的潜力，也可以使差生发现自己的进步，以便不断向标准靠近。这符合了教育评价是促进学生发展的目的，同时可激发家长配合学校对学生做必要的鼓励和帮助。正如心理学研究指出，被证明失败的学业评价不但不能激发学生努力，只会强化这种不良后果的再度发生。这是违背基本规律和因材施教的原则的。

最后需要指出的是，人本主义价值观所反映的，是人们站在不同的立场上对教育的不同看法。从19世纪中叶一直到现在，造就"完整健全的人"与"满足社会需要的人"两种课程教学价值取向一直处于矛盾之中。教育在当代社会受到重视的最根本原因，是它对社会发展尤其是经济发展具有巨大的促进作用。因此，社会本位的价值取向大行其道并不令人感到意外。但是任何事情都有一个限度，为追求经济发展的目的而忽视学科的自身逻辑，并且在教育中日益压抑人性的发展，应当激起人们的反思。人本主义价值观的出现，提醒人们重新重视课程的学术价值与教育的人文价值是历史必然的反应。在课程教学价值取向问题上，我们走过的弯路太多了。如今，人本主义教育理论已成为国际发达国家基础教育课程改革的主旋律，主体教育、全纳教育已经成了现代课程教学价值取向演变的趋势。

（五）多元智能教育理念对体育教学的影响与启示

多元智能理论克服了传统智力观念在认识上的褊狭，提出了更加科学的关于智力本质的观点。这些观点可为我们科学认识智力的本质提供新的教学方法，是人类对智力本质认识的巨大飞跃。

1. 多元智能理论学习观的影响与启示

多元智能理论倡导的学习观是，每个学生都有自己的优势领域，有适合自己的学习类型和方法，学校里不存在差生。因此教学应该为每个学生创造多种多样的学习场景，给每个学生以多样化学习选择的权利，选择和创设多种多样适宜的、能够促进每个学生全面发展的学习方法和手段，使每个学生都能扬长避短，从而激发每个学生的潜能，充分发挥每个学生的学习个性。个性化教学是以教师了解每一个学生兴趣爱好、家庭背景、学习风格、智能特点等为前提，进而确定最有利于学生学习的方式与策略，以求学生形成个性化学习方式，获得更好的发展。

2. 多元智能理论教学观的影响与启示

多元智能理论所倡导的教学观是一种"对症下药"的因材施教观：一是针对不同学生的智力特点"对症下药"教学；二是针对不同学生的学习特征"对症下药"教学。由于学生智力表现形式的多样性和复杂性，无论什么时候，不论多么优秀的教师，都不可能找到一种适合所有学生的教学方法。它表明传统"一刀切"的教学与学习方式严重阻碍了学生的个性发展。如果我们考虑学生之间的个体差异，尽可能为每一位学生设计适合其发展的教学与学习方式，那么，每一位学生都有可能得到最大限度的发展。如果教师不能根据不同学生特点不断变化教学方法和手段，就会导致部分学生的智力得不到适当的培养，这对学生个人和社会都是一种巨大的浪费。

3. 多元智能理论评价观的影响与启示

多元智能理论的评价观认为，由于受传统的以语言和逻辑—数理能力为核心的智力观念的影响，传统教育把学科分数和升学率作为评价教育质量的主要标准。学校教育教学活动错误地估计了学生的学习潜力，更多地倾向于训练和发展学生的语言和逻辑—数理能力，忽视了对学生其他多方面能力的训练和培养。根据加德纳的多元智能理论，我们就应该摒弃以标准的智力测验和学生学科成绩考核为中心的评价观，树立多种多样的评价观。多元智能理论所主张的教育评价应该是通过多种渠道、采取多种形式、在多种不同的实际生活和学习情境下进行的、确实考查学生解决实际问题的能力和创造出初步的精神产品和物质产品的能力的评价。教师应该从多方面观察、分析和评价学生的优点和缺点，并把由此得来的资料作为服务学生的出发点，以此为依据选择和设计适宜的教学内容和教学方法，使评价确实成为促进每一个学生智力充分发展的有效手段。

最后需要指出的是，多元智能理论的意义当然并不仅仅在于它提出了一种对于智力的新的解释，其更重大的意义在于它给传统教育观念带来了巨大冲击。在教育观念上，多元智能理论为我们提供了一种个人发展的模式，从而使我们能够从一个全新的角度来理解学生发展，审视我们对学生的评价。这一点对于我国正在展开的素质教育改革，尤其具有重大的意义。对于广大教师和教育工作者来说，把握多元智能理论并真正理解其内涵，从而树立正确的学生观、教学观和评价观，必将加深对素质教育的理解，推动素质教育进一步走向深入。当然，加德纳的多元智能理论也存在着一定的不足，即它倾向于对学习进行静态性的智力描述，而对学习的动态性智力解释，还有待于进一步研究和完善。

（六）后现代主义教育理念对体育教学的影响与启示

20世纪80年代以来，课程及教学研究领域开始受到了后现代主义的"洗礼"，形成了后现代课程观与教学观。不过，与后现代主义一些"消极的、极端的"观点不同，后现代课程观与教学观倒是有许多积极的、建设性的观点。后现代课程观试图超越以"泰勒原理"为代表的具有理性主义性格的"课程开发范式"，确立"课程理解范式"，把课程作为一种多元"文本"来理解。它试图从过程发展、对话、探究、转变的角度，而不是从内容或材料的机械角度出发来界定课程。因此，建构性、开放性、生成性、多元性是后现代课程观的基本特征，而对话、互动、主体性则是后现代教学的展开形式。

1. 后现代主义学习观的影响与启示

后现代课程与教学思想等方面的种种认识都蕴涵着破除学习方式的祈求，呼唤着解放学习方式的渴望。例如，学生主动探索知识的发生与发展；从过去的倾听者、接受者、受益者转变成主动者、建构者、实践者；课程的重点是学习和自我发现；注重知识之间的关联、学习经验、自然界以及生活本身的回归；关注学生个体内部（如情感、心理、潜意识）的平衡。后现代课程的这一思想观点，在《体育与健康课程标准》中有些已明确提出。例如，《体育与健康课程标准》指出"要关注学生的个体差异和不同需求，使每一个学生得到更好的发展""改变学生的学习方式，帮助学生学会学习""关注学生终身体育意识和积极的人生态度的形成"等。

2. 后现代主义教学观的影响与启示

后现代主义教学观主张教学具有开放性和灵活性，不再是预定的、不可更改的；鼓励教师和学生发展一种平等的对话；认为教师不再是知识唯一的拥有者，而是引导者、聆听者等。后现代课程的这一思想观点，在《体育与健康课程标准》中有些已明确提出。例如，《体育与健康课程标准》指出"体育教学应在师生平等对话的过程中进行"，学习与教学组织的形式要"自由组合、自由交往、自由选择练习手段和自由支配练习时间"，"体育教学活动，是师生之间、学生之间交往互动与共同发展的过程"，"自主探究与合作交流是学生学习体育的重要方式"，"形成一种探究的学习氛围，应是体育教师提高教学质量的一个重要方面"。

3. 后现代主义评价观的影响与启示

后现代主义认为，现代主义评价基本上是一种区分手段，考试主要是为了甄别而非对话，评价的依据是学生获得了多少知识。对此，后现代评价理念消解了现代主义评价标准的精确性、稳定性、封闭性和简单性，强调评价标准：其一应是模糊、动态、开放的；其二评价具有协商性；其三是评价应淡化教师的权威，倾听不同的意见，是不同个体、不同团体的评价。

最后应指出的是，多元与整合已经成了现代课程价值取向演变的趋势。后现代主义独特的视角已毫无忌讳地坦言，其分析与倡导的差异性、多元性、开放性等，为教育理论研究与教育实践的改革和转换带来了新思想、新观点、新活力，可把我们引向所殷切向往的目的地，是值得尊敬的。另外，后现代主义教育存有诸多悖论，其破多立少，离开了教育的本质，犹如泥沙俱下，给原本的教育造成混乱，需要披沙拣金。后现代主义教育思想尚无多少成功的经验，其理论体系亦尚未成型，其基本理念还存有争议，可操作性较弱，难以在实践中实施应用。但其思想可为教育现代化的发展提供前车之鉴，反思现代性——认清西方国家在教育现代化发展历程中的片面与缺失。其弥足珍贵的批判性格、超越意识和探索精神应是我们值得学习与借鉴的。

第二节　体育的原理性教学方法

一、原理性教学方法的概念和辨析

原理性教学方法是人们将教育思想应用于课程实施领域的一种指导性方法，是解决教育哲学思想、教学规律、教学方式与教学实践链接问题，在教育思想与学校课程实施之间发挥中介作用的方法，是教学普适性的方法和技术。它上接理念性教学方法的指导，下接学校不同课程的教学内容，其目的是尝试说明产生优质教学方法的某些基本条件，对各种教学方法应用的可能性做比较分析，努力展示有成效地运用这些程序的条件、范围和广度，力求多侧面揭示方法本质的原理与相对性，弄清各种教学方法的本质和教学过程的职能。正如学者张力为所说，原理是可以转化为方法的，无论哲学原理、科学原理或其他知识领域的原理，都可以在一定的条件下向方法转化。原理本身是关于事物本质和规律性的观点与知识体系。它本身只说明"是什么""为什么"，并不直接解决"怎么样""如何做"的问题。因此，原理本身还不是方法，它只为方法的形成提供理论与科学的依据，属于方法的理性原则。

二、体育原理性教学方法的建构与运用

按照教学方法的媒介特征、功能和学生学习活动的特点进行分类，原理性教学方法应属于教学策略的范畴，可分为：行为主义原理性教学方法、认知主义原理性教学方法、建

构主义原理性教学方法、多元智能原理性教学方法、人本主义原理性教学方法、后现代原理性教学方法。现评述如下，供参考。

（一）体育行为主义原理性教学方法与其运用

行为主义教育理论强调"刺激—反应"，并把它作为行为的基本单位。学习即"刺激—反应"之间联结的加强，教学的艺术在于如何安排强化，教学的目的就是提供特定的刺激，以便引起学生的反应，所以教学目标越具体、越精确越好。有以下闪光的理念可为体育新课程改善教学媒介、提高教学效率，为促进教师在特定的时间内完成更多的教学任务，为学生能学到更多的东西提供策略与指导。

1.学习就是塑造行为，外部激励能够推动学习力的产生

教师要掌握塑造和矫正学生行为的方法，为学生创设一种环境，尽可能在最大程度上渲染激励鼓动，强化学生的优良行为，消除学生的不良行为。对学生出现的好行为及时给予各种形式的强化，如赞赏、表扬、榜样示范等，就会使学生保持这种行为，有利于他们提高学习成绩。

2.学生的行为受到环境因素的影响

行为主义认为，强化行为、改变行为的主要动力，是有机体"操作"环境的效果。学习是学生与其所处环境之间相互作用的结果。例如，对于困难学生的学习，运用"成功教学模式"情境，可把学习目标"低起点、小步子"式分解，并且一个一个地予以强化，帮助学生尽可能做出正确反应，使错误率降低到最小限度，从而提高学习效率。

学习效率的实验研究表明，视听并用所取得的效果远远大于纯视觉或纯听觉。多种感官并用，学习效率最高。我们要通盘考虑体育教学情境的各种可能性，协调看待有关体育教学如何根据学生的特征，提供支持交流的教学情境，指明每一类学习结果需要的"适配性"媒介，为学生提供精确的反馈，就至关重要了。

3.学习结果的形成主要依靠强化

通过强化练习正确反应，消退错误反应，才能提高学习效果；经过多重强化和连续强化可以把有效的行为保持在一定强度的水平上。在学习过程中加强练习和反复学习，是提高学习效果的良好方式。一种复杂的体育技战术的学习需要通过一系列"刺激—反应—强化"才能实现。

4.学习行为不予强化，则反应就会减弱

例如，教师在课堂上让一个学生做运球上篮练习，学生做得很好，教师就可以竖起大拇指表扬"很好、真棒"，那么教师的笑容和评语就会强化（加强）学生行为。学习效果

的反馈能够加强学习的机制，要求教师在教学时需要综合考虑以下几方面的因素：

（1）在学生学习动作技能时，对学生不论正确还是错误的反应都应给予适当的反应，这是增进教学效果的最关键因素。

（2）在学生技能初期练习时，教师应将注意力集中到能够提高技术动作规格的指导中，在尽可能的情况下，通过不断地指导和提供适宜的反馈信息来引导学生练习。

（3）在学生技术动作有所提高的情况下，教师应随之提高反馈策略和水平。

（4）简单动作的练习应尽可能地接近完整的技术动作，而不是对技术动作施以人为的影响。

（5）根据记忆规律，过度学习达150%，保持效果最佳。

5.科学的教学控制和测量有利于体育学习行为的形成

比如，艾宾浩斯遗忘曲线指出，过度学习达150%保持效果最佳，可克服"体育学习遗忘现象"。比如，20遍后能恰好一次无误地正确背诵学习材料，这20遍便是100%。如果再继续学习10遍，其学习程度为150%就是过度学习。低于或超过这个限度，记忆效果都将下降。要注意练习内部各要素、各部分之间的组织形式及与时间的衔接。又如，运动技能的应答行为的输入（接收和分析信息）、中间过程（控制和决定）和输出（运动）三个阶段的教学，要把握好过程控制。对于教材的学习来说，最开始学习的内容保持的时间最长，其次是最后学习的内容，中间学习的内容保持的时间最短。又如，有效的教学指导需要有周延合适的参考标准，需仰赖教学控制和测量的设计，反馈教材的逻辑性与教学组织步骤性就显得尤为重要。

教学设计在确定学习目标、分析和组织学习内容、选择教学方法和媒介时，要注意对时间和空间、组织顺序的各种因素进行科学的"排列"和"组合"。比如需要确定哪些教学环节，各个教学环节占用多长时间，应用教学媒介和教学方法进行教学活动时，能否发生互动，是否有效、易行，是否适合学习、支持学习，是否体现科学性、整体性、协调性的理念。这要求我们应该按照以下原则进行考虑：

（1）根据具体的教学目标、教学对象及教学内容恰当地选择教学环节，把握好每个环节的任务，同时合理地分配各个环节的教学时间。

（2）选取教学环节后，要具体设计教学各环节的实施，包括采取何种手段引起学生注意，采取何种方法、运用何种媒体呈现有关内容等。

（3）教学程序的"总装"要体现出知识递进与组织递进的和谐，使之从整体上形成最佳的组合，以保证整体功能大于各部分之和。

（二）体育认知主义原理性教学方法与其运用

认知主义教育理论强调学习是认知结构的建立与组织的过程，重视整体性与发现式学习。其代表人物布鲁纳的"发现学习理论"、布卢姆的"教育目标分类学"、奥苏伯尔的"认知同化学习理论"、加涅的"信息加工理论"等，已成为体育新课程改革的支柱，在今天体育新课程的教育实践中发挥着越来越重要的作用。认知主义教育理论有以下经典理念性方法，可帮助教师提升认知视角，确定教学策略，完善教育教学方式和实践指南。

1. 布鲁纳的"发现学习理论"

布鲁纳以其对学生认知和发展的大量研究为基础，提出了一系列颇具影响的教学与学习理论。他的教育论著已成为教师案头必备的书目，其中发现学习理论对教学影响十分深远。该理论以关注"学科结构"为开始，以"发现问题"为逻辑，以"解决问题"为手段，以诱使学生由"被动接受"知识转化为"主动发现"知识的积极学习体验为目的。正如布鲁纳所说："在知识大爆炸时代，应寻求新的方法来向新的一代传授那些正在快速发展的大量知识。"其方式主要是培养学生在完成学习任务时的三个基本行为（主动性、探究性和合作性）和认知取向。

"发现学习理论"在体育教学中实施的目的，就是改变传统体育学习偏重于机械记忆、浅层理解和简单应用，立足于被动接受教师所传授的体育知识、技术、技能，有利于培养学生学会生存、适应社会和实践的能力。

发现学习理论的教学法特点是强调学习过程、强调直觉思维、强调学习动机、强调知识组织的方式。

发现学习理论体育教学的组织实施步骤为创设情境—提出问题—发动引导传授策略—开展研究—得出结论—展示交流—评价反思。

需要注意的是：

（1）强调发现学习，在教学过程中不能偏离"以身体练习为基本手段"的基线，务必使学生理解该学习的基本结构。

（2）注意及时反馈，保持目标的指向性，防止放任自流。注意强化时机，即在什么时候给学生提供反馈指导信息；注意强化条件，即在什么条件下，达到目标所需要的知识水平；注意强化方式，即用什么方式编制教学程序。

（3）一个教师不可能仅用发现法来教学，一个学生也不可能仅凭发现法来学习，要注意与其他教学方法相结合。

2. 布卢姆的"掌握学习理论"

针对传统学科教育片面强调课程内容的难度，导致学生缺乏学习兴趣，不能为广大学生接受，造成大量"差生"的情况，布卢姆提出了"掌握学习理论"。目的一是使大多数学生能够掌握教师所教授的内容，二是为教师找到"为掌握而教"的手段。具体有以下教学策略：

（1）给学生第二次机会

掌握学习理论的指导思想就是用个别指导来矫正与弥补集体教学的不足。方法是采取诊断—矫正的办法。通常是把教材分解成时长为1~2周的单元，在教学过程中每个学习单元之间要进行评价，通过这种评价发现并弥补群体教学中的学习误差，了解每个学生尚未学会的东西，以改进教学过程。在具体方法上，采取在每个单元完成之后进行"诊断测验"的方法，发现学习中存在的问题，对于未通过测验的学生，由另一位教师有计划地对其做与第一次不同的讲解，一直到其掌握有关教学内容为止。这种方法被称为"给学生第二次机会"。正如布卢姆所说，这种教学与评价方法不仅使得大多数学生达到了对所学知识掌握的水平，更重要的是使他们获得了有效学习的自信心，这将为学生进一步学习奠定坚实的基础。

（2）优等生和中差生配对进行学习，相互纠正错误

布卢姆在实验中发现，最有效的纠正程序是让优等生和中差生配对进行学习，相互切磋。这种方法可让学生在小组中相互发现错误，同时这样的训练，不仅对"补救生"有益，而且对"优等生"也是有益的。一般每个小组的人数最好是3人，检查错误的时间为半个小时左右。

（3）教学的计划性

布卢姆发现，要求学生完成掌握学习具有很强的可操作性，可以按照以下步骤实施：一是教师要尽力为学生找到适合的教材。二是教师要能够为学生提供适合的学习方法。三是教师要做到让学生在学习时间上因人而异。因为研究发现，只要给每一个学生足够的时间，全体学生都能达到掌握学习的水平。四是教师要在每一个单元开始时给学生提供学习内容、时间安排以及单元学习结束后所要实施的测试项目，让学生有计划地为测试及早做好安排。

综上而述，为实现这一目的，教学必须十分注意学生的个体差异，并以此制订出相应的教学对策，因人而教，这是总体原则。

3.布卢姆的"教育目标分类学"

布卢姆的"教育目标分类学"被认为是20世纪影响最大的教学理论之一。在布卢姆看来，教育目标是组织教学、课程编制和教育评价的基础。因此，对教育目标进行精心设计是掌握学习理论实施的基础和关键。布卢姆认为，可以将所有智力上的成就目标（或教

育目标）简单地分为五类：主题知识、与主题相关的专门技能、表现能力、成熟思想和行为习惯以及构成学校智育目标的理解力。主题知识包括明确内容、增加学生理解力的规定与建议，这是教师要教、学生要学并最终运用到真实情境的东西；专门技能是那些与主题相关的具体能力；表现能力是指学生潜在的能力和学习构成中整合的表现力。

因而，可把全部教育目标分为三个不同领域：认知领域、情感领域和动作技能领域。按层次水平由低到高划分为六个类别：知识、领会、运用、分析、综合和评价。每一类别下面又包括一系列亚类。这样整体目标不再聚为一团，而是分化为可以操作的具体目标。一般的教学目的便和实际教学活动联系起来，教学活动目标具体了，教学评价也就有了依据，改变了过去我国教育教学目标笼统的弊端，比如："发展学生的运动能力""培养学生的意志品质"等，这种目标虽然没有错，但难以操作，无法有效评定。我国新体育课程目标的设计与编制都是在对目标分类学的汲取下而形成的。下面围绕新课程目标设计作一评述，为广大教师设计测验和课程开发、把握目标的性质、目标与标准的关系及其在教学中的应用提供参考与指导。

（1）目标（总目标）要表示出学习内容的维度和行为表现。

（2）目标（学科目标）要推论出需要给定学生的认知形式与结果。

（3）目标（教学目标）要给出评价教学任务的样例与类目。

根据这种见解，三维目标可分为三个领域：情感、心理运动和认知。情绪发展和社会性发展目标属于情感领域；心理运动目标包括操作和运动技能的获得；学生心智和理解的发展目标属于认知领域。

情感领域目标要考虑到学生自我概念、个性成长和情绪的发展，它涉及学生的态度和价值观。在这一领域教师关注的是帮助学生弄清个人与社会的关系。

心理运动领域与肌肉技能和协调能力的发展有关。这一领域包含的目标是"运动技能和战术的掌握与形成"。虽然每一种心理运动任务中都渗透着心智能力，但其主要的焦点是发展操作的技能而不是心智能力的增长。

认知领域目标集中在个体智能的增长。它既包括各项运动基本认知能力的获得，也包括更高要求的目标，如解决问题的能力、识别关系的能力、检查原因和结果的能力，以及其他一些被称为理解的能力。学校体育中最基本的外在目标主要是在这一领域。教学任务包含两个系列：一是帮助学生发展一种深层的认知理解力，弄懂完成学校体育教育教学的任务；二是帮助学生发展运动技能，使他们能够自主进行终身体育锻炼。

由上所述，布卢姆的"认知目标分类学"在体育课程与教学中的意义在于：

一是化整为零、各个击破、具体落实，易于操作。如认知领域分为"知识、理解、应用、分析、综合、评价"六个亚类。情感领域分为"接受、反应、评价、组织、价值"等决定行为特征的五个亚类。动作技能领域分为"知觉、模仿、操作、准确、适度、习惯化"六个亚类。

二是分层理解、总体把握，目标明确、便于调控。厘清了学习时要学哪些知识，哪些先学，哪些后学；哪些是已知的，哪些是未知的，心中有了整体规划。有利于学生有效地掌握系统的知识，形成合理的整体结构。

布卢姆的学说，弥补了传统教育教学目标只有单一行为结果目标评价的缺陷，改变了传统体育教育的课程观一般过于强调"社会中心"和"知识中心"，对学生需要、学生自身发展以及学生能力和素质的培育多有忽略的状况。建立了以促进全面发展为目标的多元、多样的评价方式，全面反映了学生学习的历程和目标达成的新体育与健康课程标准。为体育新课程改革的实践，为我国课程论的建设增添了有分量的内容，为体育新课程最终能够成功落实提供了重要保证。

4. 奥苏伯尔的"认知同化学习理论"

奥苏伯尔是教育理论家中卓越非凡的人物。他认为，认知结构的稳定性和清晰性是影响有意义学习的主要因素。为此，他提出了著名的有意义学习理论。如何使有意义学习得以发生，奥苏伯尔认为必须具备两个条件：①学生表现出一种把新学习材料同他了解的知识建立非任意的、实质性联系的意向；②学习任务对学生具有潜在意义，即学习任务能够同学生的知识结构联系起来。

为促进有意义学习的设计和编排，他提出了两大原则：逐渐分化原则和综合贯通原则。还就如何贯彻上述两大原则提出了具体应用的策略：先行组织者教学策略——指在安排学习任务之前呈示给学生引导性材料。其主要功能是，在使学生能够有意义地接受、学习新材料之前，在新、旧知识之间架设起"桥梁"。该模式由三个阶段组成：呈现先行组织者、呈现学习材料或学习任务、增强认知结构的组织。例如，学生没有上过网球课，为保证教学的良好实施，教师须提前安排学生先行了解、学习新材料，建立新、旧知识之间的连接。这有些类似我国传统的课前预习，但我国传统的课前预习没有其科学的系统性。

综上而述，奥苏伯尔的"认知同化学习理论"对教学设计理论、学习模式取向的转变有很大的影响，是教师必备的知识。在体育课程与教学中的意义在于，改变了传统"严明"的接受式课堂教学环境，将教学推上了有意义的开发和设计的轨道，为体育教学开启了"选项"学习的先河，以及分层施教设计的先河。他提出的先行组织者、逐渐分化、综合贯通等原则和方法，有助于教学内容的设计和教学序列的安排，适合学生认知结构的组织特点，促进了学生对知识的学习、保持和运用。对帮助学生理解自主、合作、探究的学习方式，转变学习观念，充分认识各种学习方式的重要性和必要性，积极主动、创造性地组织实施各种学习，走出学习的误区有积极的意义与作用。诚如苏霍姆林斯基所说："建立学习跟知识之间的和谐，是学校面临的最重要的实际和理论问题之一。"但他的教学设计原理也存在着不足之处。如他的有意接受学习，注重从一般到个别，有利于学生掌握概念之间的联系，省时且容易操作，但学生的迁移能力可能较弱。

5. 加涅的"信息加工理论"

加涅是当代著名心理学教育家。他研究的"信息加工理论"建立起了一个研究学习的新体系，代表着此领域的最高成就，标志着科学心理学与学校教育的结合进入了一个崭新的阶段。

加涅的"信息加工理论"对体育教育教学的影响与启示在于：

（1）从信息性（教学信息传播的形式与途径、干扰与确定）对体育教学技能习得的长期含糊不清的许多心理行为概念做出了明确解释。

在体育认知过程中，外部世界给予主体适宜的刺激就可激活学生体内大量积极潜在的学习认知。如加涅认为，所谓教学，意味着精心合理地安排一系列外部事件（教学活动）以支持学习的内部过程。在一堂课中，有一系列的活动作用于学生，使他们能在知识、技能等各方面由此及彼，从一种心理状态进入另一种心理状态，从现有基础进入到用其学习成就证明的目标水准。各种外部活动组合在一起，这就是"教学"。由此，加涅提出了他的教学过程的理论——九大教学事件（教学活动）。

（2）从学习层级理论（由低级到高级八类学习）阐清了认知、情感和动作技能三个领域在体育教学的关系，为我们提出了每一类有效学习的性质、条件以及它们的教育含义。

加涅认为，从信息加工的视角来看，任何一个单一的学习动作，都有其起始和结束，在一个学习动作发生的历程中，进行着许多不同的加工（或转换）。加工可以是依次有序地进行，也可能是两个或更多的加工阶段同时进行，平行影响。

（3）一个维度学习结果的类型与另一个维度每类学习的内部条件和外部条件阐明了体育学习与教法之间的联系，提出了创设不同教学安排的设计原理与方法，可为我们新课程设计提供有益的借鉴与参考，极大地促进了体育学科内容的研究和课程设计。

综上而述，把加涅信息加工理论置于课堂的导入、实施、结束的情境中加以考察，并从理论上结合实践对教学的各个环节因素及其相互关系给予重新解释与阐述，力求为广大教师展示当前教学设计的前沿性成果，提供新教学设计的借鉴与选取，明确教学努力的方向，甄别教学设计与实际教学进程之间的差距，为学习理论、应用理论、贡献理论，积聚新教学实践智慧的成果开辟源泉。

（三）体育建构主义原理性教学方法与其运用

建构主义教育理论有以下闪亮的原理性方法，可帮助教师发现教学中更多的联合因素，体会为学习而设计的可行性和有效性。

1. 学习不是由教师把知识简单地传递给学生，而是一个由学生自己建构知识的过程

该理论告诫我们，一是学生对于教师所讲的内容有一个"理解"或"消化"的过程。学生在先前的学习活动和社会生活中，已经掌握了一定的体育知识和思维模式，因此，"理解"就并非只是弄清教师的"本意"，而首先是依据自身已有的体育知识和经验对教师所讲的内容做出"解释"，从而形成对自身有意义的"创造性的理解"。因而，体育学习活动就是学生通过自身主动的建构，使新的学习材料在头脑中获得特定的意义，从而在新的学习材料与自身已有的体育知识和经验之间建立实质的、非任意的联系。二是由于学习是学生主动的建构活动，不是学生对知识的被动接受。因此，教师不应仅成为"知识的授予者"，还应成为学生学习活动的促进者。在教师主导学生主体的理念下，教师应驻足了解学生真实的思维活动；扮演"引路者""启发者""伙伴者"和"示范者"等多重角色，使学生感到"有趣""有用"，从而调动学生的学习积极性；促进学生主动建构，帮助学生更好地掌握体育知识和技能，养成终身体育习惯。

2. 教师必须为学生的学习活动建构一个良好的学习环境

体育学习活动这一主动建构过程，必然受到教学媒介和外部环境的影响，教师必须根据教学内容和教学环境的具体情况在学生开始新的学习活动前，帮助学生获得必要的经验和预备知识。

同时，在组织上，教师还应当努力培养出好的"体育学习共同体"，这个共同体的特点是：每个人都得到应有的尊重和理解；提倡开放性，促进不同设想、不同见解的充分交流，乐于进行自我批评，善于接受各种合理的新思想的一种平等、互动的关系。例如，合作学习小组、小伙伴学习组、篮球爱好学习小组等。

3. 教师必须高度重视对学生错误的纠正

学习也是一个"同化与顺应"的过程，并非知识的简单积累，纠正学生的错误在教学中具有十分重要的作用。不仅要帮助学生明确错误原因，同时要看到学生的错误不可能单纯依靠基本的示范和反复练习得以纠正，还必须有一个"自我否定""自我反省"的内在"观念冲突"作为必要的前提。因此，有效帮助学生纠正错误，教师应注意提供适当的外部环境来促进学生的自我反省并引起必要的"观念冲突"，如适当的提问和举反例就是引

起"观念冲突"的有效方法。

4.教师应充分注意学生建构多元化的特征

由于认识活动是主体主动的建构，学生建构会呈现多元化特征，表现出一定的差异性或个体特殊，即使对于同一体育学习内容，不同的个体由于知识背景、学习经验和思维方法等方面的差异可能具有不同的学习过程。因此，教学不能仅停留于对共性的普遍认识，还应更为深入地去了解各个学生的特殊性，并在教学活动中真正做到"因材施教"。

建构主义教育理论，对体育教育教学的影响与启示在于：

（1）教学不仅是知识的传递，更是知识的处理与转换

因此，教师不仅是知识的呈现者，更应该重视学生对各种现象的理解，倾听他们的看法，洞察这些想法的由来，并以此为依据，引导学生丰富或调整自己的理解。这就需要教师与学生共同针对某些问题进行探讨，在交流与质疑的过程中，了解彼此的想法，从而做出某些调整。学生对问题理解的差异构成了宝贵的学习资源，为此，教师不应简单地教，而应该围绕建构学习具有的六个核心特征——积极学习、建构学习、累积学习、目标指向学习、诊断型学习和反思型学习，成为学生意义建构的帮助者、促进者和引导者。

（2）可采用"为学习而设计"的教学方法、教学模式

以往强调以教师为中心、教材为中心、课堂为中心，以传统教学理论、教学观念和教学设计作为教学的手段和方法向学生传授知识，学生被动接受教师传授的知识。

现在要摆脱这一状况，教师以组织者、指导者和促进者的身份，利用情境、协作、对话等学习环境要素充分激发学生的主动性、积极性和首创精神，最终达到使学生有效地实现对当前所学知识进行意义建构的目的。

（3）建构主义要求教学过程情境化

因此，给学生学业评价也应该相应地提供一个问题情境或任务情境，这样就可以更清晰地对学生进行过程评价和结果评价。

（四）体育人本主义原理性教育方法与其运用

人本主义提出，教育的目的是培养人格健全、和谐发展和获得自由的"完人"。这样的"完人"，首先是多种多样的潜能得以发挥，表现为各个层次的需要得以和谐实现；其次是情意发展与认知发展和谐统一，包括情感和情绪的发展，认知理智和行为的发展，以及感情和情绪、认知理智和行为发展的统一。为了实现人本主义的教育价值和目的，罗杰斯提出需要建立和实施并行课程（知识课程、情意课程和体验整合课程），组织意义学习作为教学的基本动力。并指出"意义学习理论"具有两种类型：一为无意义学习，这类学

习只涉及心智，不涉及情感或个人意义，与"完人"无关；二为意义学习，是指一种使个体的行为、态度、个性以及在未来选择行动方针时发生重大变化的学习。这不仅仅是种增长知识的学习，还是一种与每个人的各部分经验都融合在一起的学习。

这一思想具有新视野的原理性方法，可帮助我们在教学中体现"自由学习"的教育思想，把握自由学习的度、自主学习的力量，从人文性的角度看待教学、思考教学。现把"意义学习理论"的基本观点整理如下：

1. 人性有一种天然的学习倾向

人性具有天生的自然性行为（个体情感、意志、愿望、合作意识、创新精神和实践能动性）与表现形式（学习态度、情感态度和价值观），教学与学习应尊重人性的这一重要表现形式。人作为主体，其人格理想是自然性、社会性与自主性的健全发展。作为培养人的学校体育，其价值取向应定位在这种理想人格上，谋求人的伦理精神、审美体验和求真意志的统一，促使体育教学实现这种价值取向成为可能，改变目前偏重技能教育、忽视学生个性和自我意识的倾向，要转而关注适宜学生个性"学习"的多元方式，关注多元智能的开发，情感、意志的发展，健全人际关系的形成，自我认识的提高，实现有利于进行完整的人的教育。

2. 意义学习通常是在学生认识到学习材料与自己的目的有关的情况下出现的

当学生看出他所学习的东西能够促使其保持和发展自我时，其就会进行意义学习。对学习的意义理解不同，会影响到学习的方向、质量和速度。

3. 许多意义学习是通过学生的实际活动进行的

学生是学习的主人，他们能对教育影响加以选择，而不是无条件接受。纯技术、纯方法化的体育教学和学习，不可能让学生做学习的主人，无法落实发展自我个性的实现，做不到"解放"教学目标，"授人以渔"。为此，在教学与学习的表现形式上，要关注从学习与行为、学习与认知、学习与发展、学习与生理、学习与动机的不同层面的创设，展现多种不同的智能情境和学习情境，以此为依据选择和设计适宜的教学内容和教学方法，才能完成新世纪赋予学校体育的形式教育与实质教育的统一任务。

4. 学生学习（包括他的认知活动和情意活动的自发学习），往往是最持久和最深入的学习

自发学习的关键是获得学习的自由。学生学习的有效性增强，学习效率就高；学生学习的自信心增强，学习的热情就高。对此，国内学者有总结，例如，"五步教学法"：亮——亮学习目标，明确学习任务；议——师生围绕教材，交流议论；练——进行分类练习，巩固和深化新知识；测——根据达标情况，交流学习体会；评——自评、点评、抽样评，让

学生了解学习结果。

5. 凡是引起自我概念变化的学习往往对个体是一种精神威胁，因而容易遭到拒绝

自我概念是指一个人的价值观、信念和基本态度。当代心理学认知不协调的理论告诫我们，人总是力图使自己的认知协调一致、不自相矛盾。当学生发现某种新知识与自己已有的知识矛盾时，就会产生认知不协调的情况。这一命题指出，人本主义理论的成功学习体验有利于学习的实现，不仅能增强学生的责任感、自尊感和归属感，还能使学生体验到学习的快乐。由于焦虑程度的驱使，沮丧的学习体验会导致学生缺乏自信心，丧失继续学习的愿望。人未来的社会形式是多方面的，生活选择的路向也是多方面的。因而，一是在制订教与学授课计划时需要考虑多种安排方式；二是在目标确定方面，应做出高、中、低三种目标；三是学习目标的达成应考虑多种可能性，有的完全达到、有的则是部分达到、有的仅仅是为了打基础。从而使学生产生一种内在的学习需求，自觉投入到学习活动中。需要指出的是，强调学习有难易区别和针对性，这样做并不意味要求学生放弃学习，而是要因材施教，使大多数学生在进行下一步学习之前都达到应有的水平，为学生学习不断成功开辟道路。

6. 意义学习在当代多变的世界中应是对学习过程的学习

人本主义理论告诫我们，意义学习实施，着眼于学生社会性之发展的体验，不只是为了认识社会的发展规律，以有效控制与驾驭社会，还为了使学生在精神上与社会融为一体，发展学生的社会体验，形成学生的合作、同情、理解、关爱等多种主体意识。着眼于学生自主性发展的体验，尊重并提升学生的个性、自我意识，特别是要让学生清醒地认识到自己作为一个学习者，同样也是知识与文化的创造者。让学生在自我反思、自我体验的过程中，实现自主性发展，实现作为一个社会人需要的科学、道德、艺术的统一。这不但能提升学生自然、社会、自我每一个方面的存在境界，而且能促进学生自然性、社会性、自主性的健全发展。

最后需要指出的是，作为后现代教育思潮的一个重要"思想范式"，人本主义为教育研究开启了新的主张。他们试图超越传统教学授—受方式的狭隘认识，从一个新的视角提出了教育教学研究发展的新方向——自由学习，为新课程告别缺陷走向自由学习的实施增添了活力。这可以帮助那些对学习和教育失去兴趣、丧失信心的人找回希望；对改革当前重视教师的权威、忽略学生自我发展，使学生一直处于被动的学习角色具有重要的启示。它对一向推崇教师的权威的微观层面的学生表现出极大的热情，呼吁倾听处于边缘地带的声音，有利于摆脱理性教育的羁绊，开创素质教育新的改革与发展。正如罗杰斯提出，真正的学习不是将无助的个体牢牢绑在凳子上，而是个体在源源不断的好奇心的驱使下，不知疲倦地吸收自己听到、看到、读到的一切有意义的东西。

（五）体育多元智能原理性教育方法与其运用

多元智能教育理论与我国多年来倡导的素质教育改革的诸多理念不谋而合，由于其对我国当前教育改革和实践表现出较强的指导性和适用性，因而自引进以来便得到了理论界和实践界的广泛关注和一致认可。以下理念性方法，可帮助我们的教育教学思想超越传统狭隘智能的认识，燃发对学生个体学习潜能的理解，为个性化的教与学架起一座希望的桥梁。促使我们从因材施教的"思想范式"看待教育教学，从差异性、生成性、流动性思考教育教学，重新审视和比较体育教育教学多余什么、缺少什么、应该为学生做些什么。

1. 从差异性、生成性、流动性思考教育教学

多元智能理论告诫我们，在教学内容上，应当从过去以教材为中心的单一知识内容，转变为以差异性为轴线，以生成性为纽带，与现实生活紧密联系的流动性教学内容。在教学方法上，应当从过去以知识量为目标，以模仿—练习为基本方法的浅层记忆理解，以"练中学"为表现形式的填鸭式教学，转变为以能力为目标，以交互式活动为基本方法，以"做中学"为表现形式的开放式教学。在教师角色上，应当从过去知识的传授者转变为"为学习而设计"的组织者和"个性学习"的设计者。

2. 对学生个体学习潜能的发展进行施教

多元智能理论告诫我们，教师必须从学生的经验出发，在教学之前认真考虑学生原有的知识经验，使新知识落在学生"最近发展区"，与学生的个体潜能紧密结合。教师在教学过程中应适时地给学生提供独自组合、批判和澄清新旧知识差异的机会，进而使学生建构自己新的认知结构。教师要创设良好的学习情境，建构适当的问题情境，注重现有教学内容的调整，使学生在认知上产生冲突，从而发挥学习的主动性、积极性和创造性。

最后需要指出的是，多元智能学习理论还不成熟，在实践应用中不可照搬、盲目推崇、断章取义、生搬硬套、误用和滥用，否则将严重阻碍和影响多元智能理论真实功效的发挥。因此，结合实践及时对该理论进行反思，保持正确的认识和准确定位，对于该理论实施的顺利进行是非常重要的。因而，并不是所有的学习领域和学习主题都需要多元智能的组织形式，也不是所有的学习领域和学习主题都需要多元智能的学习方式，世界上没有一种万能的方法能统领教学实践。教学实践证明，多种方法结合才能有的放矢。

（六）体育后现代主义原理性教学方法与其运用

后现代课程观是在对近代学校教育受日益强化的技术性支配，形成了以学科为中心的

课程结构，出现了人与自然、人与社会、人与其自身偏失进行批判的基础上产生的。从历史角度看，有其必然性。其全新的观念对我国当前基础教育课程改革具有重要的启迪意义与建设性意义。实际上，我国新课程及教学已经受到其一定程度的影响。

后现代主义教育理论有以下破旧立新的原理性方法，可帮助我们从时代"喧嚣的回响"看待教育教学，从知识的多元观、有机观、开放观思考教育教学，重新审视体育教育教学未来建设什么、发展什么。

1. 在知识观方面，提倡多元观和有机观

后现代多元知识观认为，知识的产生或获得不再是外部强加的，而是具有自发性；知识的增长方式不再是线性的累加，而是转化性的变革。恰如伽达默尔认为，不论文本还是解释者都内在地镶嵌在历史性之中，解释者不可能摆脱自己被历史时代所限制的理解视域而以一种纯粹的意识进入到解释对象之中。

后现代有机知识观认为，知识的现在、过去与未来是生成的、有机的，不是复制的，要求知识由科学世界向生活世界回归。知识是生活的知识，不是追求某种所谓的"本质""基础""真理"等抽象的、外在于人的形态的对世界及人的规定，而是为现实的、活生生的人服务的。

后现代主义教育理论告诫我们，要允许学生在知识方面创造性地表现，鼓励学生对多元知识的追求和对差异、边缘、异端的认可。这提示我们，教学时只有尊重知识多元的状态，各种知识才能产生碰撞，从而产生创造的火花。要把科学的知识引向生活世界，不做书呆子，为学生的未来生活奠定基础。正因为如此，罗蒂指出："将知识看作再现准确性的意图是毫无必要的，应该摒弃知识的神秘性和寻求优越地位的企图，而把知识作为现实中所创新的问题的解答来看待。"

2. 在课程（教材）观方面，课程不再是那种预先设定的内容

后现代主义教育理论告诫我们，每一个学习者都是课程的创造者和开发者，而不仅仅是实施者。因此，允许学生与教师在会谈、互动和对话之中创造出比现有的封闭性课程结构更为复杂的学科秩序与结构。教师角色不再是原因性的，而是转变性的。课程不再是跑道，它成为跑的过程本身，而学习则成为意义创造过程中的探险。提倡"教材改革应有利于引导学生利用已有的知识与经验，主动探索知识的发生与发展，同时也应有利于教师创造性地进行教学……教材内容的组织应多样、生动，有利于学生探究……积极开发并合理利用校内外各种课程资源……""教材要有开放性和弹性。在合理安排基本课程内容的基础上，给地方、学校和教师留有开发、选择的空间，也为学生留出选择和拓展的空间，以满足不同学生学习和发展的需要"。

3. 在教师观及师生观方面，教师不再是知识的霸权、真理的化身

这在我国新课程理论及其实践中也有新的认识和初步的变化，教师已从过去的知识霸权者、主导者、仲裁者转变成协调者、引导者、合作者；而学生则从过去的倾听者、接受者转变成主动者、建构者、实践者。新课程理论认为，对于教师，教师应当成为课程的研制者、开发者，而不仅仅是接受者、消费者、传递者，这样才能使课程不断"创生"、拓展；对于学生，知识只能靠学生的自我建构，才能真正被其所内化。基于此，教师应当是"平等者中的首席"，扮演着协调者、促进者、合作者、支持者以及资源顾问的角色。

4. 在教学观方面，强调教育要面向全体学生，而非面向其中的少数杰出者

这和一再强调的教育大众化，反对所谓的精英教育、应试教育一样，主张平等对待学生，不以单纯培养学生的知识为旨归，而是强调知识、能力和素质的全面发展。这与当前我国新课程重视学生的个性发展、开展活动课程是一致的。

后现代主义教育理论告诫我们，必须摒弃通过学校课程为学生提供全部知识的想法，如实承认学校教育仅仅是终身学习的起点，学校教育的宗旨乃是夯实学生终身学习的基础。因此，要更加强调培养学生的个性、创造精神和创新能力，与"素质教育"相通，即不能像过去一样单纯强调行为目标，而要更加注重培养学生在行动中或学习过程中提高自身的能力和素质。

最后需要指出的是，我国基础教育的课程体系正在经历新一轮的改革浪潮。后现代教育作为一种新的教育理论范式，有着独特而丰富的内涵，反映了一种新的课程观。这可为我国基础教育的课程目标建设提供一种可资借鉴的模式，包括其强调的教育的多元性、开放性、动态性与学习的关系，个性和创造精神、创新能力和综合能力的培养，人文精神、课程的开展性目标及表现性目标、师生之间的交流与合作等。我们探讨 21 世纪基础教育课程目标时，上述内容对弄清我国现行课程目标与理想课程目标的差距都富有极大的启发意义。但我们要牢记"去粗存精、去伪存真"的批判与反思，把后现代原理性的教学方法作为方向来理解、把握与运用。

第三节　体育的操作性教学方法

一、操作性教学方法的概念和辨析

操作性教学方法是学校教育各门课程独有的教学方法的总和。每种方法具有的特性，

只适用于特定的科目学习与固定的程序和方式。具有"方式的具体性""内容的特定性""程序的稳定性"和"应用的可操作性"等特点。是落实在教学行为和手段上的具体方法，或者叫"学科具体教学法"。正如有的学者认为，学科具体教学法与特定的教学内容相结合，具有相对固定的教学程序，运用一些特定的教学方式和手段，诸如讲授法、演示法、练习法、游戏法、竞赛法等。学科具体教学法使用的合适与否，与教学内容的契合程度存有关联。要注意两个方面：第一，方法本身的合理与否。比如分散练习法用于新课教学上可能会不合适。第二，方法使用的合适与否。比如发现法中教师急于告知学生结果就不一定合适。因此，每种方法都有其优点和缺点，当一种教学方法产生合适的效果时，它就有效，反之就无效。

二、体育操作性教学方法与运用

（一）行为主义"程序教学法"

程序教学法是行为主义教学的经典，对世界教育产生过深刻的影响，至今仍被教学使用，其教学方案有很多特色值得我们学习、领会、选择运用。根据斯金纳的设计，程序教学的过程是，把教学内容根据学习过程分解成许多小步骤，并按一定逻辑排列好。每一步骤根据学生回答问题后，通过出示正确答案，使他们确认自己反应的正误，然后再进入下一步骤的学习。如领会式教学模式，在快速跑学习中，教师首先让学生带着问题练习，然后提出为什么有的同学跑得快，有的同学跑得慢，让同学们进行总结。紧接着让同学们再练习，再总结，在做中不断改进与提高，从而完成学习目标。根据斯金纳的程序教学理论，体育的学习机制主要可以包括以下几个指导性原则。

1. 小步子原则

小步子原则是指把运动技能的学习内容按其内在逻辑关系分割成许多细小的单元。这些小单元称作小步子。分割后的小单元按一定的逻辑关系排列起来形成程序化教材，以确保学生由浅入深、由易到难、循序渐进地学习。这个原则在今天看来仍有一定的价值，尤其是对当前体育新课程改革中提出的单元教学起着重要的作用。但需要注意的是，在单元的划分上要由具体的教学性质和任务来确定步子的大小，不能完全像斯金纳主张的那样步子分割得越小越好。

2. 积极反应原则

斯金纳认为，传统教学主要是教师传授知识、学生被动接受知识的过程，学生很少有机会对每一块学习内容做出反应。要改变这种消极学习的现象，就要求学生在上述"小步子"（每一单元）的学习内容中做出积极的反应。体育教师要注意按单元内容之间的联系组合起来进行动作示范，要求学生"跟我学"，并通过练习、展示等方式使学生做出反应，引导学生一步步循序渐进地掌握技能，以保持积极、持久的体育学习动机，提高学习效率。

3. 即时反馈原则

即时反馈原则是指当学生展示所学运动技能（做出反应）后，必须及时让他们知道他们的反应是否正确。这就要求体育教师对学生的"反应"给予"即时确认"。尤其是对学生做出的正确反应要给予及时强化，从而提高学生学习的自信心。体育新课程所强调的体育学习评价的反馈与激励功能，就是建立在此基础之上的。

4. 自定步调原则

自定步调原则是指在体育学习中应该让学生根据自己的基础和潜力制订学习计划，培养学生自主学习的能力，强调个体化的学习方式，并不断通过练习纠错、评价反馈等措施，引导学生达到学习目标。

5. 低错误率原则

低错误率原则是指在小步子的体育学习内容引导下，学生可以尽量避免出现错误的"反应"，提高学习效率。

该设计比较突出的优点在于它能保证学生在学习中得到即时反馈，使学生在每一步学习小步子上都得到强化，较好地适应了差异性和多样化的个体需求，从而克服传统教学设计中过于侧重整体而忽视个体的不足。

（二）认知主义"先行组织者策略"

先行组织者策略是认知主义教学的经典，其基本主张与我国课前预习相似，已经自觉或不自觉地渗透到我们的教育教学之中，成为新课程教学理念的重要支柱。下面对其理论的由来、背景、方式和策略进行评述，供我们学习、领会、选择运用。

1. 先行组织者策略简介

组织者是个比喻，就是用以帮助学生对新知识和旧知识之间加以组织和连接。如果在讲新知识之前先呈现"组织者"（即所谓的先行），那么就成了先行组织者。犹如我们来到一个大城市之前，手中有了一张地图，边走边看就不会迷路。同样学习新知识之前，如果手中有了一张"认知地图"，就可以增进对新旧知识的理解。

奥苏伯尔非常强调有意义学习，其重要的教学策略——先行组织者就是根据这个原理而产生的。奥苏伯尔认为，当学生认知结构中没有适当的上位观念可以同化新观念时，教师可以在教新观念之前，给学生一个引导性的材料，它比将要学习的新材料具有更高的概括程度。然后，学生利用这一材料去同化新的学习材料。这就是先行组织者的基本原理，通过先行组织者，可帮助学生对所学内容进行加工。

2.先行组织者的程序

先行组织者由两个阶段组成，每一阶段都遵循奥苏伯尔信息加工的原理。

（1）呈现先行组织者

教师在让学生确定目标后，向学生提供先行组织者。教师要向学生解释组织者，因为先行组织者本身也是一种观念或是一个概念。必要时，教师要向学生列举组织者的基本特征，解释特征并给以例证，帮助学生理解组织者，但呈现组织者应该是简明扼要的。在这一阶段的最后，教师要提醒学生意识到自己认知结构中与组织者和学习新材料有关系的知识，以便学生能更好地利用组织者同化新的学习材料。

（2）呈现学习任务或学习材料

在这一阶段，教师将遵循逐步分化的原则将学习材料呈现给学生。"逐步分化"是奥苏伯尔组织教学内容的原则。在教学过程中，"逐步分化"是将较大范围的概念分化为较小范围的概念。也就是将概念分化为不同的层次，使学生独立学习不同层次的知识，了解不同层次知识之间的关系，形成良好的认知结构。

（3）先行组织者的新进展

近年来，研究者们在奥苏伯尔"先行组织者"概念的基础上，提出了更为宽泛的"组织者"概念。即认为"组织者"一般在要学习的材料之前呈现"先行组织者"，但也可以放在学习材料之后呈现。它既可以是在抽象、概括水平上高于学习材料的知识，也可以是具体概念，在抽象、概括水平上低于学习材料的知识。总的来说，"组织者"可以分成两类：

第一类是陈述性组织者。陈述性组织者与新的学习产生一种上位关系，目的在于为新的学习提供最适当的类属者。

研究表明，"组织者"对言语和分析能力较低的学生可以起到更大的作用，因为这些学生自身不能发展一种适当的图式把新旧材料联系起来。陈述性的"组织者"不仅用他们能懂的语言为学生提供了适当的固定学习点，而且也促进了他们有意识学习的倾向，避免了不必要的机械记忆。

第二类是比较性组织者。比较性的组织者用于比较熟悉的学习材料中，目的在于比较材料与认知结构中相类似的材料，从而增强新旧知识的可辨别性。通过大量的研究发现，比较性组织者指出了新旧知识的异同，增强了原有的起固定作用的观念的稳定性和清晰性，所以当先学的知识不稳定和不清晰时，采用一个比较性"组织者"比过度学习新材料效果更好；当原有的知识本身就已经很巩固和清晰时，提高可辨别性的唯一方法就是过度学习新知识。

这一命题揭示，在陈述性知识的概念或原理的学习中，呈现一系列相关的比较材料，以便连续比较概念的有关特征与无关特征，有利于促进概念的形成。有时，即便没有实际呈现比较性组织者，但只要学生形成了一种比较新旧知识的意愿，同样可以促进学习。

无论是陈述性组织者（陈述性知识），还是比较性组织者（程序性知识），在策略运用中都要注意两点：第一，教师要慎重选择教学内容的难度。教学内容必须适合学生的能力水平，一方面要简化教学信息，另一方面要能产生新的信息，有利于知识的运用。第二，教师呈现教学内容时，要遵循"不断分化"和"综合贯通"的原则。从纵的方面来说，要遵循一般到具体、不断分化的原则；从横的方面来说，要加强概念、原理、课题乃至章节之间的联系。教师在教学中应引导学生努力探讨观念之间的联系，指出它们的异同，消除学生认识中表面的或实际存在的不一致点，把握概念、原理的本质。

（三）建构主义教学策略

下面我们具体介绍在建构主义教学模式中，三个较有代表性的、成熟的教学策略：抛锚式教学（即情境教学）、随机访问教学和支架式教学。这些教学模式能够帮助我们正确把握体育教学设计、优化课堂学习、增进学生的理解力。

1. 抛锚式教学

抛锚式教学也称为情境教学、实例式教学或基于问题的教学，就是根据事先确定的学习主题在相关的实际情境中选择某个真实事件或真实问题，在课堂上展现出与现实中专家解决问题相类似的探索过程，教师提供解决问题的原型，并指导学生的探索。这种教学使学习在与现实相类似的情境中发生，以解决学生在现实生活中的问题为目标，对于培养学生解决问题的能力和探索精神有重要作用。

抛锚式教学设计有两条重要的原则：①教学活动紧紧围绕某一"锚"来设计。"锚"即某种类型的个案研究或问题情境。这种教学要求建立在围绕探索问题的基础上，因而被形象地比喻为"抛锚"，因为这类事件或问题被确定了，整个教学内容和教学进程也就被确定了（就像轮船被抛锚固定一样）。②教学的设计应允许学生对教学内容进行探索。如允许学生探索问题的多种可能解答、发展有关体验的表征、自己生成项目等。③抛锚式教学由 5 个基本环节组成：围绕问题、确定情境、自主学习、合作学习、效果评价。其目的是培养学生解决问题的能力，让每一位学生成为实践者。

情境教学不仅是建构主义教学观的必然要求，同时也得到认知心理学的支持，叫作"情境认知"。这一领域的最新研究表明，认知活动具有情境关联性，即特定"情境"或"场合"不仅能够决定我们对事件意义的理解，还能影响我们的知觉内容及学习方式，并且会对记忆产生深远的影响。

2. 随机访问教学

随机访问教学也称随机通达教学，是基于建构主义学习理论的"认知弹性理论"发展起来的。认知弹性理论认为，人的认知随情境的不同而表现出极大的灵活性、复杂性和差异性。基于认知弹性理论的随机访问教学，是指对同一内容的学习安排在不同时间多次进行，每次的情境都是经过改组的，而且目的不同，分别着眼于问题的不同侧面。也就是说，学生可以随意通过不同途径或不同方式进入同样教学内容的学习，从而获得对同一事物或同一问题的多方面认识与理解。这种教学避免抽象地谈概念的一般运用，而是把概念具体到一定的实例中与具体情境联系起来，有利于学生形成背景性经验，并可针对具体情境指引问题的解决，以使学生对同一内容或问题进行多方面的探索和理解，获取多种意义的建构。这里的"访问"原是计算机科学术语，主要指在互联网上对不同网站进行搜索。"随机访问"即自由地、随机地从不同角度访问、探索、建构同一内容。这实质上是"换一个角度看问题，换一个情境解决问题"的教学模式。

3. 支架式教学

建构主义倡导的"支架式教学"，是在苏联著名心理学家维果斯基理论的基础上发展起来的。他在"文化—历史心理理论"的基础上提出了著名的"最近发展区"理论假设。他认为，儿童的心理发展存在两个水平：第一个是"实际发展水平"，第二个是"潜在发展水平"，两个水平之间的区域为"最近发展区"。支架式教学的基本特征是重视社会交互知识和文化在知识理解和意义建构中的作用，认为儿童认知能力的发展不仅是一个个体的过程，还是一个社会和文化的过程。这种教学模式是社会性建构主义教学观的集中体现。

"支架"原意是建筑行业使用的"脚手架"，这里用来形象地说明通过一套概念框架帮助学生理解特定知识、建构知识意义的教学模式。通过支架（教师的帮助）把管理学习的任务逐渐由教师转移到学生手里，最后撤去支架。这里用来比喻对学生解决问题和建构意义起辅助作用的概念框架。它根植于学生的"最近发展区"，通过支撑作用，学生的认知发展不断从实际水平提升到潜在水平。教师的作用就在于使这样的概念框架尽可能完善。支架式教学包括以下几个环节：

（1）预热

将学生引入一定的问题情境，并提供可能获得的工具。

（2）探索

由教师为学生确立目标，用以引发情境的各种可能性，让学生进行探索尝试。在此过程中，教师可给以启发引导，提供问题解决的原型，而后要逐步增加问题的探索性成分，让学生自己去探索。

（3）独立探索

教师放手让学生自己决定探索的方向和问题，选择自己的方法，独立进行探索。这个环节，不同的学生可能会探索不同的问题。

另外，当今的建构主义者重视教学中"学习共同体"——成员间的相互作用，合作学习、交互式教学已在我国新课程体育教学中提倡采用。

4. 人本主义教学策略

下面列举一些人本主义教学理论在教学中以有意义操作任务为情境的教学设计模式，包括非指导性教学、学习者中心教学、成就感教学等。由这些模式所统领的教学能够激发学生"亲其师、信其道"，使体育课堂学习和谐活跃、产生激情，有效地推动学生非智力因素的发展。

（1）"非指导性"教学

"非指导性"教学模式是以人本主义心理学为基础，着眼于学生人格发展，以学生为中心的教学模式。其理论强调学生"自我实现"潜能的作用，教师仅仅起"促进"作用，所以叫"非指导性"教学。罗杰斯认为，传统教学中的"教授知识"最多是教给学生一些陈旧过时的知识，这种"依赖知识、依赖训练、依赖接受某些被教授的东西是毫无用处的"。"非指导性"教学理论首先基于对人类的基本信任，相信人类的天生潜能是积极的，只要后天提供一定的条件，潜能就会自然而然地释放出来，潜能也因而得到实现。

罗杰斯认为，非指导性教学有一个时间上的序列，该序列包括以下几个阶段：

①阐明辅助情境

教师创设一种和谐民主（可接受）的教学气氛，明确在教学中师生应该对共同关注的问题取得一致性意见，使学生得以无拘无束地、自由自在地发表自己的想法。

②提出问题

由学生提出各自感兴趣的问题，教师对学生所提问题进行接纳与澄清，经过讨论后形成小组成员共同感兴趣的问题，从而明确教学目标所在。

③提供资源，共同讨论

在明确教学目标之后，教师提供一些小组讨论可利用的资源，如书籍、录音、有关人士访问，鼓励学生表达积极的或消极的情感，坦诚待人，乐于接受他人意见，认真参加小组讨论，共同探索问题。教师也可以根据学生需要进行知识教授，但不能代替学生下结论，所提问题也要总处在流动变化之中。

在非指导性教学中，教师要注意以下几个方面：一要创设心理自由和心理安全的环境；二要建立良好的师生关系；三要以真诚的态度对待学生；四要无条件接受学生；五要移情性理解学生。

（2）学习者中心教学

该主张认为教师要成功进行以学生为中心的教学，必须具备以下几个特质：

①信任学生：如果教师能相信学生具有发展自己潜能的能力，则应该允许他们有机会选择自己的学习方式；②真诚的态度：卸下教师的面具，感知学生的心理感受，体谅学生；③尊重学生：尊重学生的人格、情感和意见，不随意批判学生，不使学生感到威胁；④了解学生：深入了解学生的内心反应，并设身处地地站在学生的立场了解其学习过程。

（3）人性化的教学角色

该教学模式强调个人选择、师生关系及班级气氛等条件的重要性。良好的师生关系不但能增进学生深入学习或了解自我，而且是有效率教学的特征。基于此，教师欲使教学有效，必须设法与学生建立良好的关系。

（4）安全感的学习气氛

一个班级是一个小型的社会体系。从班级心理学的观点来看，学生只有在没有被威胁的情况下，才有可能进行最容易、最有意义及最佳记忆的学习。

（5）成就感教学

人本心理学家强调个人的自我知觉是决定行为的基本因素。为了培养学生积极的自我观念，学校应重视成就感教学，使学生在学校活动中获得成功的满足，肯定自我价值，逐渐形成一个健全积极的自我观念。在教学中，应依据学生的个体差异因材施教，实施个体化的教学，减少学生在团体中的挫败感。在评价方面，应重视学生的自我评价，避免学生间的相互比较。

（6）价值澄清教学

价值澄清教学承认人有选择的自由和自我决定的能力，它通过一些教学活动，协助学生对自己的信念、情感、行为做自我分析和自我反省，从而理清自己的价值观，确立自己的形象。

（7）陶冶情感的教学

人本主义心理学家认为将知识与情感的教学分开是一件不可思议之事，这两者是相互关联，相辅相成的。在陶冶情感教学方面，人本心理学家提出下列重要的教学策略：①在教学中，教师宜将自己的真情流露，使学生了解自己的内心感受；②教师要了解学生的需要和情感，并协助学生建立积极的情感；③教师应安排适宜的情境，使学生有机会探索自己的情绪，或学习感知别人的情感，以及得到被尊重、被接受和被了解的经验。

人本主义的这些诉求指出了现代学校的"未完成性"，无疑对当代体育教育改革有较大的启迪作用，值得从事体育教育的工作者高度重视。具体地说，其对体育教育教学的影响与启迪在于：

①体育教育的途径应重"自我实现"，促进学生的全面发展

人本主义主张教学要激发学生的潜能，重视学生的意愿。因此，体育教学必须坚持"以人为本，促进人的全面发展"的教育方向。一方面它使每一个学生都投身到体育活动中，并在体育活动和身体锻炼中得到提高，体验到体育的乐趣，领略到体育的魅力；另一方面它主张因材施教，防止了体育教学中"吃不饱"与"吃不了"的现象出现。因此，它能帮助学生找到一条最能有效发挥个人创造性和个性才能的学习途径与策略，鼓励学生去发现和发展最适宜自己的活动内容、活动方式和活动习惯，激励他们超越自我、体现个性、实现自我。

②体育教育的模式应"授人以渔"，鼓励学生的自主学习

人本主义强烈反对以教定学的行为，主张"非指导性"教学与自我实现论。为此，体育教师不应只传授学生体育技术技能和基本理论知识，更重要的是要培养学生自主学习的能力，即所谓的"授人以渔"而不是"授人以鱼"，使其形成终身体育的习惯。

③体育教育的方式应重"意义学习"，复现知识的多维面孔

人本主义强烈反对重知轻情，或知、情分离的传统教育，提倡人本主义的意义学习。意义学习不单纯追求增长知识，更看重在这一过程中把每个人各部分经验都融合在一起。在罗杰斯看来，学习是一个有、无意义的连续体。在这个连续体的一端是无意义学习，这是一种机械灌入式的学习，不仅不能引起学生的兴趣，而且会成为学生的一种沉重的学习负担，使学生感到厌烦、枯燥。而在连续体的另一端是有意义学习，这是一种"自我主动的学习"，能使学生的自我潜能充分发挥出来，成为富有创造性的、人格健康发展的、能进行自由选择并为这个选择负责的人。

④体育教育应重视培养学生良好的道德品质与行为习惯

人本主义学习理论强调道德教育，认为理想的学习是将道德教育贯穿于教学之中，渗透于实践学习过程的各个环节，使学生寓教于乐，在不知不觉之间形成健全的人格。

最后需要指出的是，"非指导性"教学模式针对传统教学只注重人的理智发展、片面训练人的认识能力、忽视学生情感培养的弊端，提出教学目标应该以人的本性为出发点，把教学作为促进自我实现的工具，开发人的创造潜能，形成人的独立个性，最终目标是培养真正自由独立的、知情合一的"完整的人"，这些都是值得提倡的。但是它过分强调以

学生为中心，必然会削弱教师在教学中的作用。同时，完全放弃课程内容对学生的教育作用，对教学可能也会产生不利影响，应坚决摒弃。

5.多元智能教学策略

加德纳认为，教学目标的多样化和教材选择的多样化是实现个性化学习内容教学的关键。为此，有分层次教学、以强带弱发展性教学、多维目标发展教学等教育教学法供我们学习、领会与运用。

（1）分层次教学

根据布卢姆的目标分类法，可将学习内容分类呈现，以适应不同水平学生的需要：

①通过预先考察学生的技能和水平，再根据学生的智能强势与弱势程度为他们搭配好合适的学习活动；

②给学生提供机会让他们实践运用所学的技能；

③准备相关条件，满足理解水平不同的学生需求。

有以下实施途径，利用学生已有的兴趣设计教学过程：

首先是以学生强势领域的知识与技能作为学习新技能和新知识的桥梁，提高学习动力，显示所有学习之间的关联性。其次是使学生掌握与应用运动技术是提高学生运动兴趣和积极性的重要保证。学生只有会用运动技术并不断提高运动技能，才能真正体验到运动的乐趣，运动兴趣才会越来越高。

（2）以强带弱发展性教学

多元智能理论告诉我们，每一位学生都同时拥有智能的优势领域和弱势领域，而且提出在每一位学生充分展示自己优势领域的同时，应将其优势领域的特点迁移到弱势领域去，从而促使其弱势领域得到尽可能大的发展。因此，教师要对每一位学生的优势潜能给予充分的肯定和欣赏，树立学生的自尊心和自信心。同时要自觉地为每一位学生设计"因材施教"的方法，采取多种形式，在多种不同的学习情境中进行。帮助学生发现和建立其智能优势领域和弱势领域之间联系的切入点，为学生提供运用自己的运动智能强项来发展弱项的机会，引导学生有意识地将其从事优势领域活动所表现出来的智能特点和意志品质迁移到弱势领域中去，从而使学生的学习能力得到均衡发展，使教学名副其实地成为促进学习能力充分发展的有效手段。

（3）多维目标发展教学

我们应认识到今日课堂中呈现出来的学习的多样性，例如：

①确信学生有不同的学习需要、专长、风格、兴趣和偏好。

②主张为学习而设计的教学原则，为所有学生设定学习目标。

③在教、学以及评价方面都增加多样性，以满足更多学生的要求，适应学生的偏好、风格、兴趣以及专长。

④了解学生已经掌握什么，能做什么。认识到不是所有的学生都会以同样的方式做同样的事情。

⑤诊断出学生的需要，制订学习任务，使学生能依据自身的需要、风格或偏好来学习。

⑥培养学生做适当选择的能力，让他们决定怎样学习，怎样最好地展现自己所学的知识。

⑦设计差异式（层递式）学习任务，更好地适应学生特殊的学习需要。

⑧使用弹性教学分组策略，为学生提供机会，让有相同需要、风格或者偏好的学生一起学习。

⑨认为所有学生的学习成果都是重要的、有价值的。

⑩创建公平的程序评价学生的学习，并为其评分。

最后指出的是，为了帮助教师更好地了解儿童各种智力的表现特点，较好地发现学生的各种潜能并使其得到尽可能大的发展，有必要制订多元智力评估核查量表。该量表不是为了测试孩子有多聪明，而是帮助教师和家长了解孩子将来可能有杰出表现的倾向，从而进行适当的教育。

第四节　体育的技巧性教学方法

技巧性教学方法是教学的艺术性层面，或者叫"教学艺术性"。教学技巧是教学方法在具体场合的运用，它融合了教学方法的技术层面（教学策略）与教学方法的操作层面（学科具体教学法），是教学方法的最终落实和实际呈现，因而体现出不同教师的个人色彩。优秀教师凭借其独特的教学经验、个性品质、能力修养以及教学机制等，使教学方法达到了"教学艺术"的境界，形成了独特的"教学风格"。从这个意义上讲，教学方法不仅仅是艺术技巧，也不仅仅是教学方法，它是一个教师在课堂里的生命绽放。

一、体育课堂教学的设计与策略

体育课堂教学的设计与策略、具体形式与方法多种多样，关键在于教师依时灵活运用，精心设计。应根据具体的教学对象、条件设施等来做这件工作。

二、体育课堂教学内容的设计与组织

从游戏的角度切入，通过挖掘教材游戏特性和快乐隐性的内涵，改变传统教材的模仿—练习、授—受的枯燥方式和教学组织形式，以游戏活动的寓教于乐的形式呈现，使之既保留其技能要素，又展示了游戏的内涵，充分突出了体育运动的本质属性和教学的游戏特性。既体现其层次性、简易性、趣味性、竞赛性、娱乐性和健身性，又考虑尽量采用小场地和灵活多样的组织形式，简化其规则和要求。既重视教材的自身特性，又灵活地改变活动规则、练习方法，增强其课堂适应性和教学适用性，并与基本运动体能活动形式相融合，让运动成为学生生活化的健身活动、斗智斗勇的简单游戏、妙趣横生的趣味竞赛。

三、体育课堂教学的组织与安排

在运动教学中，教师动作示范是最直观的方式，可使学生了解动作结构和顺序，形成正确的动作概念，进而掌握正确的技术动作。下面介绍不同运动阶段动作示范的要点和技巧，从而不断提高示范动作的质量，提高教学效果。

（一）泛化阶段动作示范的运用

1.教学任务

使学生熟悉运动技能的特点，克服胆怯心理，对动作有初步了解，取得感性认识，粗略地掌握动作。

2.教学特点

这一阶段学生的特点是大脑皮质的条件处于泛化阶段，动作表现紧张、不协调，出现多余动作，呼吸急促。在此过程中，教师应抓住动作重点进行教学，不应过多强调动作细节。此时，示范处于主导地位，讲解辅助示范应注意以下"结合"。

（1）完整动作示范与分解动作示范相结合

完整动作示范可使学生建立整体的形象、结构和动作概念。由于泛化阶段学生的注意范围狭窄，学生对动作全过程只能有个粗糙的视觉印象。例如，学习"单杠骑撑后倒挂膝上"时，先做一次优美的完整技术示范，应随后分解教学，有目的地进行分解动作示范，使学生对所学的动作部分建立起较为清晰的概念。

（2）常速与慢速示范相结合

示范速度直接影响学生建立正确的动作概念，因此在动作示范中，只能采用常速和慢速示范，不可采用快速示范。一般情况下先采用常速示范，让学生建立一个完整的动作印象，再采用慢速示范，使学生的思维由浅入深，由表及里，加深对所学技术的理解。

（3）关键性示范和难点示范结合

关键性技术是技术动作中最重要的、直接影响动作质量的环节。它从动作过程中抽出来，用以显示动作的因果关系，便于学生抓住动作规律，并形成该动作的关键表象。其难点亦是较为困难的动作技术掌握，如不予以重点示范，必然造成学生对概念模糊、掌握困难。例如，做"双杠支撑后摆转体180度成分腿坐"示范后，应突出支撑后摆超越杠面后再转体180度，此时肘关节一定要伸直，髋关节一定要展开，两腿并拢，脚尖绷直。

（4）启发、鼓励与示范相结合

在器械体操教学中，一些胆子小、身体素质差的学生，容易产生怕从器械上摔下来的心理，对掌握技术、提高运动水平失去信心，这时，可以在学生中挑选身体素质条件和这些学生类似，但进取心强，勇敢，动作掌握较快、较好的学生做示范，为这些学生树立榜样，增强他们的学习信心及积极性。如果某个学生在技术上有所提高或突破，也可让他做示范，让同学们给予评价，对提高方面给予肯定，鼓励大家进一步提高学习的积极性。

（5）示范与讲解相结合

示范前，要布置观察的程序，强调观察的目的，传授观察的方法。示范后，要用准确的语言强化示范动作，巩固、明确其轮廓，防止学生获得模糊、不定型的视觉表象。

（二）分化阶段动作示范的运用

1.教学任务

掌握正确的动作，提高动作的协调性和质量，消除各种错误动作。让学生通过视觉和知觉的活动，稳定、明确所学动作，为学生练习提供清楚而又正确的动作指导。

2.教学特点

这一阶段是大脑皮质的条件联系由泛化进入分化的阶段。在教学中，教师应抓住学生存在的主要问题，注意对动作的纠正，可采用比较、对照和综合分析的方法，帮助学生体会动作细节，促进分化抑制进一步发展，使学生动作日趋准确。这时示范应降到次要地位，以讲解配合示范，加深学生对动作内在联系和细节的理解。

（1）突出重点示范

进行示范前，应提示学生明确观看的重点和次序。教师可在完整示范后，再进行重点技术环节分解动作示范或重点动作示范，使学生明确具体的技术结构、技术环节、技术细节。

（2）纠误示范与讲解相结合

通过纠误示范与讲解的结合使学生进一步理解把握技术结构的练习要素（动作姿势、练习轨迹、练习时间、练习速率、练习速度、练习力量、练习节奏），再以讲解补充、阐释示范动作的特点、细节、要领，促进学生进一步领会掌握。

（3）纠误示范与辅助练习或诱导练习相互结合

在正确动作示范后，可对学生的错误动作进行模仿性"示范"。学生虽然明确了正确技术的概念，但不知道自己的动作怎样、错在哪里，以及如何去克服错误，模仿性示范可以达到改进技术、巩固正确技术的目的。这种示范有利于正确掌握动作，形成动力定型，从而使练习协调、省力并提高练习者的兴趣，促进学生进一步领会掌握。

（三）巩固阶段动作示范的运用

1. 教学任务

教师要进一步启发学生的积极思维，提高学生分析问题和解决问题的能力。以抓动作技术细节为主，同时用完整法做重复练习去强化学生动作的各个环节，防止割裂完整技术。在此基础上进一步加大运动负荷，提高学生身体素质和技能水平，形成运动能力。

2. 教学特点

学生进一步反复练习，达到动作自动化程度，能轻松自如地完成整个动作，可以把注意力放到身体姿势、速度和技术上，在不同条件下都能保持良好的技术。示范应是"补充""校正"。

（1）放大示范

按运动技能、技术结构本身具有的特点进行示范，让学生明确技术节奏及动作幅度与速度，以使学生在原有技术的基础上更进一步。

（2）特色对比示范

经过一阶段学习后分化抑制已形成，学生的分析鉴别能力有所提高。这时，在进行特色技术动作示范后，可对学生的动作学习产生模仿性"示范"，使学生进一步理解正确技术的细节概念，达到改进技术、巩固提高技能的目的。

（3）手势肢体示范

手势肢体是示范中的一种特殊形式，既有趣味性又简捷，是教学动作示范形式的升华。运用手势肢体语言，既可表现技术动作，又可使学生明确教师的意图。尤其是在此阶段中，学生认知水平提高，对动作理解深化，手势肢体的运用会节约教学时间，缩短师生之间的距离，故应加强运用。

综上所述，一个学生从不熟悉运动技能到学会动作，一般要经过三个阶段。每学一个新动作或一种新姿势，都要经历这三个阶段。运动技能教学的三个阶段动作示范各有其特点、侧重，它们是有机联系在一起的。教师每次示范都要根据所在阶段的教学任务、要求、特点有的放矢，才能收到事半功倍的效果。

四、体育课堂教学情境的设计与策略

（一）运用游戏解决课堂教学器械教具太少的问题

在体育教学中，有不少老师抱怨学校的体育器械太少，无法开展体育教学。但教学实践证明，开展情境教学的设计可解决这个问题，实现用最少的器械上最好的体育课。例如，四个篮球，上了一周体育课，学生上课活动得很好，课堂效果也很好。只要投入更多的精力去备课，就会发现许多上好课的方法。在此就把其中三节课的活动设计介绍如下，供借鉴参考。

用尽可能少的器械，通过教学设计，完成较好的课堂教学任务。鉴于人多器械较少，教学采用以游戏为主的形式，以锻炼学生的身体素质和提高学生的篮球技术为出发点，强调学生的身心参与。选择的身体练习内容是奔跑、快速反应能力训练和熟悉球性的练习与增强综合篮球技术的练习。课程的特点在于用不断变化的游戏吸引学生的注意力，使学生完成身体练习，在游戏的编排和教学中注意游戏衔接与连续，在连续中寻求变化；游戏从易到难，层层推进，不断变化。在游戏的方式和规则中加入了智慧的成分，以小组比赛的方式激发学生的热情。

这是一组形式基本相同，可以相互串联起来的游戏，最大的特点就在于始终在连续比赛的氛围下进行一些变化，既保持了游戏的连续性又突出了游戏的新颖和难度，在不断变化中体会游戏的乐趣，正所谓简单的游戏不简单。

第一次课，六个串在一起的篮球小游戏课。

游戏一，头上传球接力。游戏方法是将球从排头传到排尾，排尾抱球跑到排头继续向后传球，所有人轮换一次为结束，分成四组进行比赛。这个游戏非常简单，无须多讲解，学生一听就会，节省时间。由于游戏太简单，不宜多做，一遍就行，主要作用在于热身。

游戏二，胯下传球接力。由头上改为胯下，发生了小小的变化，其实是在练习快跑和传球配合。这个游戏也很简单，和第一个游戏一样进行一轮就行了。这个游戏的目的也在于热身，为下面的游戏打基础。

游戏三，对面传球接力。将一组学生分成面对面的两排，进行传接球比赛游戏。需要强调的是游戏过程要求由左到右、依次传递，不能错。第一个同学传球给对面的同学，对面的同学接球后再传给对面的同学，依次下去不能乱。这对很多同学来说是个考验，要求学生反应迅速，游戏难点也就在这儿。目的是让学生在挑战中寻找快乐。

游戏四，加大上面的游戏难度。在游戏三的基础上增加左右传球，上下传球，很多学生会出错。学生在不断变化着的运动中要及时计算自己的传球方向，这有相当的难度。这个可以多做两遍，但不要超过三遍。

游戏五，胯下滚动传球。这个游戏的基本形式和前面四个游戏是相同的，唯一不同的是传球方式发生了实质性变化，原来球不着地，现在是排头将球从地面上滚动到排尾，排尾抱球跑至排头，继续传球，如此进行一轮方为结束。在做这个游戏的时候学生会遇到和前面截然不同的新难度，如何更好地将球快速地传到排尾？这里有三点需要注意：一是向后传球的力量，二是向后传球的方向，三是队伍的长度和站队的方式。在此可以逐渐引导学生去分析和思考解决问题的办法。这个游戏做上三四遍，学生的热情都不会减。课进行到这儿似乎进入了高潮，下面就要给学生留一点自由发挥的时间，同时也为下一节课打下基础、做好准备。以小组的方式分组进行探索研究。

游戏六，高高抛、快快跑。上面五个游戏是全班进行小组间比赛，这个游戏则是分组游戏，游戏主要是训练快速反应、奔跑和向上抛接球的技术以及直线滚动球的技术。游戏有一点点复杂，它将篮球向上的抛接技术、学生迅速变向奔跑的能力融为一体，是适宜中学生活动的游戏内容。游戏方法：十人左右围成圈依次报数，记住各自所报的数，先由一个同学持球站在圆圈的中间，垂直向上抛球（以两倍人高为宜），并同时任意喊圈上某一同学的名字，被叫到名字的同学迅速跑到中间试图接住篮球，如果在球落地前接住球则继续上抛并再次喊号，游戏继续。如果接球人第一时间内未能接住下落的球，使球落地，则其他同学迅速逃离，逃得越远越好，以逃避被球击中。而接球同学要迅速地将球捡起来并同时大声喊"停"，此时游戏中的学生就不能再动了，所有接触地面的身体任意部位都不能动，否则算失败。持球同学可以原地转动，以便寻找到更好的目标，以球的滚动去击打那些被定住的同学，如球触及任何一个同学则算击中目标，被击中的同学接受适当的惩罚之后，到圆圈中间，重新抛球喊号进行新一轮游戏。这个游戏把传球和跑动紧密结合在一起，在游戏中有很多的趣味性有待师生共同去挖掘和探索，如果能将体能和智力因素结合起来考虑，在游戏中引导学生去体会技术和战术，将能更好地激发学生的游戏热情。

第二次课，五个游戏串成一节课。

游戏一，头上胯下各一次传球，是上一节课的内容，可以改变前后距离进行新的比赛。一次就行。

游戏二，胯下头上左右四方传球接力赛，同时对距离进行要求。游戏进行两次。

游戏三，胯下地面滚动传球接力赛，此游戏规则不变。

游戏四，将游戏三和游戏二进行整合，游戏交替进行，将游戏变成混合性传球游戏。

这将大大增加游戏的难度，更具有挑战性和刺激性。

游戏五，继续熟悉上一节课高高抛、快快跑的游戏，要求每个学生都熟悉游戏规则和游戏方法，为第三节课再一次做好准备。

第三次课，三个游戏一节课，课的形式不变，依然进行分组游戏。

游戏一，高高抛、快快跑。这是一个已经做了两次，但依然觉得很有意思、值得去思考的游戏，有很多趣味和智慧的成分，也有偶然和戏剧的成分在里面。学生在相互竞争中去完成练习，效果非常好，好多班级的学生做了还想做。他们领会到了这个游戏的真谛。

游戏二，砸龙尾。将学生分成两组，一组围成一个大圈，另一组在圈内成一路纵队站，后面的学生拉着前面学生的衣服，排头可用双手击打来球以保护后面的学生不被来球砸中，被砸中的学生自动出圈加入攻击组参与对圈内学生的攻击，直至全部队员都被击中之后进行角色转换。

游戏三，打移动靶。打移动靶和砸龙尾游戏的实质都差不多，只是圈内的学生可以自由移动，圈上的学生通过快速地传球来攻击对手，被击中的学生则自动加入圈上的学生，参与对圈内学生的攻击，直至全部圈内学生被击中后，进行角色的转换。

第四次课，将三个专项游戏串成一节课，改变课的形式，落实篮球教学的目的。

游戏一，折线运球接力。

目的：提高快速运动中运球变向的能力。

器材场地准备：两个篮球，一个篮球场。

方法：

（1）把游戏者分成人数相等的两组，分别站在同一端线的两个角上，排头各持一球。

（2）游戏开始，人员依次按规定的路线运球接力比赛，运球返回时仍按原来路线进行。速度快的一组为胜。

规则：

（1）运球变向时，必须有一只脚踏标志点方可继续进行。

（2）交接球必须在端线外进行。

游戏二，传球接力，跳传跟进。

目的：提高跳起空中传接球和补篮的能力。

器材场地准备：两个篮球，一副篮球架。

方法：

（1）把游戏者分成两组，面向篮板成两路纵队站在篮筐两侧，距篮3～4米，排头各持一球。

（2）游戏开始，排头将球抛向篮板（然后排到队尾），第二人上步起跳，在空中将从篮板反弹回来的球再抛向篮板，然后排到队尾，下面的人用同样的方法连续做。先完成连续跳传 30 次的小组为胜。

规则：

（1）两组之间以篮筐为界，不得互相干扰。

（2）球落地或接球人落地以后再抛球即为失败，传球次数重新计算。熟练后跟进的第二人改为跳起投篮一次，第三人抢篮板传给下一个人，下面的人用同样的方法连续做。

游戏三，拾球—运球投篮接力。

目的：提高在快跑中捡地面球及快速运球上篮的能力。

器材场地准备：两个篮球，一个篮球场。

方法：

（1）把游戏者分成人数相等的两个队，分别站在两端线外，中线两端各放一个篮球。

（2）游戏开始，各队排头快跑到中线，捡起地面上放好的球，快速运球上篮，投中后按原路线运球到中线，把球放在地面上，跑回端线。下面的队员按同样方法进行，直到全队做完。速度快的一队为胜。

规则：

（1）在前一队员跑回端线后，下一个队员才能起跑。

（2）每次投篮必须投中后才能返回。

注意事项：各次比赛应调换游戏方向，使左右手都得到锻炼。熟练后可改为排头运球到前场上篮，到罚球线再罚中一球，然后再运球到另一篮下，上篮投中，加罚一次投中，把球传给本队的下一名队员。按同样方法依次进行，直到全队做完。速度快的一队为胜。

教学提示：根据不同的训练水平，可以对动作提出不同的要求，游戏的亮点是既深化了运动技能，又活跃了课堂学习气氛，改变了传统教学的一些不足。

在实际的教学中很多教师不注意对教学内容的深度开发，把教学的注意力全部放在了对教学条件的关注上，有人会抱怨场地不足，有人会抱怨学生不听话，还有人抱怨学校不重视，其实自己的课堂自己负责，用心去做会有意想不到的快乐效果。开发教学资源从开发教师自己的智慧开始。学生因为你的智慧而快乐地运动，而自己也会享受自己带来的快乐。

（二）初学行进间单手肩上投篮的设计与策略

初学行进间单手肩上投篮时，教师普遍反映学生抱球跑或多或少出现步子不正确的现象，令人不知所措。针对这一现象，我们通过多年的教学经验总结出一套行之有效的"三步定位法"，此法简单易学，很有实用价值，具体做法如下：

根据三步上篮"一大、二小、三跳起"的口诀，在与篮板成45°角的直线上确定三个固定点，由远及近分别为A点（准备姿势站位），B点（第一步落点），C点（第二步落点），并采用三色粉笔标出。

第一步：准备姿势两腿前后开立，左脚在前站于A点，双手持球于腹前，跨右步于B点处（"一大"），跨左步于C点处（"二小"），右腿屈膝高抬（"三跳起"）腾空投篮（擦篮板）。

口诀为"一大、二小、三高跳"。

第二步：准备姿势同上，不持球，跨右步于B点处同时接一固定球（B点处，学生单手向侧上方托球），跨左步于C点处，向肩上引球，右腿屈膝高抬腾空投篮（擦篮板）。

口诀为"跨步接球，上步起跳，腾空投篮"。

第三步：准备姿势同上，右手持球，在A点处原地运球（不能高过腰部）两三次后，向B点处运球同时跨右步于B点处（球的落点与脚的落点重合，运球力量适中，防止球偏离身体太远不便于控制），接球后，跨左步于C点处引球于肩上，右腿屈膝高抬，腾空投篮（擦篮板）。

口诀为"向前运球，跨步接球，上步起跳，腾空投篮"。

以上由原地运球跨固定点投篮逐步过渡到行进间单手肩上投篮，尽快形成动作定型，练习节奏由慢到快，逐渐加长运球距离并积极主动脱离三个固定点。此法适合有一定运球及原地单手肩上投篮基础的学生使用，通过教学实践证实"三步定位法"切实可行，便于推广。

五、教学方法的产生及升华

任何一种教育思想的产生都来自实践，又大都来自实践中某种方法的沿革。"学科中心论"源自认知主义的课程教材编制方法；应试教育观源自以单纯文化考试成绩选拔学生的方法；主体教育思想源自引导学生独立学习的方法……方法为实践而"生"，实践为方法出"资"，方法自然会随实践的发展而升华，可见方法的形成思想不是一蹴而就的。比如，教育家陶行知"动手和动脑"的教育思想至今呈现活力。所以，一种新的教学方法的产生本身就是一种创造，方法会在教学实践中不断充实、完善，逐步发展，以至于从实践中汲取了升发的营养，得以玉成。当然，这里需要：一是锲而不舍的实践追求与理性探索；二是紧紧地把握实践与方法的互动和相互提升的脉搏；三是有得力的理论指导和同仁们的帮助与支持；四是在适宜的环境和实践中才会成功。方法一旦升华为教育思想，其教育实践和教学质量就会提升到一个更高的水平，对教学的贡献会更大，学生们会从我们的劳动中获得更多的益处、更大的成功，教育理论也因此而出现新的进展。这个规律可以从当代领会式教学模式、快乐体育教学模式、成功体育教学模式的发展中得到证实。所以，我们每一位体育教师都要善于从日常的教育教学实践中做起，从实践需要出发，创造新方法珍惜点滴的方法创新灵感，探究其成败的原因，不断改良，积累经验，人人都可能成功。

教学方法产生自一定教育观念和教学实践需要，新教学方法又常常会生长为新教育思想的源头。教学实验成果的公认、教学质量的提高，周期较长。教学法实验的对象正处于长知识、长智慧、长身体的关键时期，实验更需谨慎，要确保万无一失。因此，教学法实验不能急于求成，应遵循循序渐进的基本原则。研究表明，锲而不舍的献身精神、埋头苦干的工作作风、全身心投入教学实验与探索，是实验者共同具备的优秀品质。成功的教学法实验，有的已发展为整体实验，有的已升华为教学理论或教学流派，没有几轮反复实验是不可能成功的。急功近利、应时即景的教学法实验，既不会有明显的实验效果，也不可能提出面向未来的教学理论。这值得我们认真思考，从中得到启示。体育新课程实施以来，由于得到国家的制度支持，学校体育稳步发展，特别是解开了套在体育教师身上的精神枷锁，任何人再也不敢明目张胆地干扰我们上课。新教学方法不断产生，各种试验教材相继出现，丰富的教育实践又推动教育理论的发展，呈现出一派繁荣景象，这是我国学校体育发展最兴旺发达的一段时期。这些都是各种教学法发展的最重要保证。

第五章　信息化背景下的体育教学的实现路径

第一节　微格教学

一、微格教学的概念

微格教学是利用现代教学技术手段来对教师的教学技能进行培训的一种教学方法。微格教学的创始人——美国斯坦福大学的爱伦教授认为：微格教学是一种缩小了的可控制的教学环境，它使准备成为或已经成为教师的人有可能集中掌握某一特定的教学技能和教学内容。

一般将微格教学定义为一个有目的、有控制的实践系统，它能使教师集中解决某一特定的教学行为，或在有控制的条件下进行学习。它是建立在教育教学理论、视听理论和教学技术基础上，系统训练教师教学技能的方法。

二、微格教学的特点

微格教学作为一种促进教育教学能力提高的有效手段，具有以下几个特点。

（一）技能学习的集中性

在微格教学中，一般将教学过程分为若干个单项技能，如导入技能、讲解技能、提问技能、演示技能、组织技能、结束技能等，从而使学习者更好地掌握相关技能。

（二）学习目标的可控性

微格教学中的课堂教学技能以单一的形式逐一出现，使学习目标更加明确，且容易控制。课堂教学过程是各项教学技能的综合运用，只有对每项细分的技能反复培训、熟练掌握，才能形成完美的综合艺术。微格教学培训系统是一个受控制的实践系统，要重视每一项教学技能的分析研究，使培训者在受控制的条件下朝明确的目标发展，最终提高综合课堂教学能力。

（三）运用视听设备，反馈及时全面

通过现代视听设备来记录课堂的互动细节，使受训者获得自己教学行为的直接反馈，并可运用慢速、定格等手段，在课后进行反复讨论、自我分析和再次实践，以行为结果确定个别进度，强调合格标准。

通过微格教学，可以真实而准确地记录教学的全过程。对执教者而言，课后所接收到的反馈信息有来自于导师的，也有来自于听课的同伴的，更为主要的是来自于自己的教学信息，可见反馈及时而全面。

（四）参加人数少，上课时间短

在微格教学过程中，一个小组一般由 7~10 名学生组成，而且学生角色可以频繁互换。从而有利于学习者机动灵活地实施微格教学，深入进行讨论与评价。

微格教学的持续时间较短，一般在 5~10 分钟。在这期间集中训练某一单项教学技能，如讲解技能或板书技能，以便在较短的时间内掌握这项技能。

三、微格教学的作用

（一）将理论上升到实践

微格教学把传统的以理论灌输为特点的教师培训，转变为以技能训练为主体的教师培训，这是微格教学能够提高教师教学能力的关键原因。但是，微格教学的技能训练并没有脱离理论的指导。培训对象在学习每一项教学技能的开端，都要学习有关的理论，在微格教学的每一个步骤中，都有教育专家或专职教师的理论指导，这样技能才能更好地与教学理论相结合。

（二）真实反馈教学信息

微格教学把传统的以脑记、笔录为主要根据的反馈，转变为以摄像、放像为主要手段的反馈，为技能评价提供了真实而全面的反馈信息。有了这种反馈信息就可以非常客观、准确地评价，使评价更为有效。在此基础上，被评价者可以提出更好的改进措施，以调控自己的教学行为，迅速掌握教学技能。

总之，微格教学实践能够更快更好地促进教师课堂教学能力的提高，促进教师尽快从"生手型"变成"熟手型"教师，并向"专家型"教师发展。

四、体育微格教学的组织与实施

在实施微格教学时，要通过一些细致入微的工作来组织教学过程，保障其有效实施，这些工作主要涉及以下几方面。

（一）进行理论学习和研究

在微格教学的发展过程中，融入了许多新的教育观念、教育思想和方法，如布卢姆的"教育目标分类学"及"掌握学习法"，弗朗德的"师生相互作用分析"理论。具体实践中又融入了美国爱伦教授的双循环式和英国布朗教授的单循环式等。

微格教学是一种全新的实践活动，其也具有深刻的理论基础，因此，学习和研究新的教学理论是十分必要的。理论学习和研究的内容包括：微格教学的概念、微格教学的目的和作用、学科教学论、各项教学技能理论。

（二）教学技能的深入分析

微格教学的研究方法就是将复杂的教学过程细分为单一的技能，再逐项培训。导师可以根据培训对象的不同层次和需要，有针对性地选定几项技能。

一般说来，对于师范生和刚从事教育工作不久的青年教师来说，经过微格教学实践可以及早掌握教态、语言、板书等方面的基本技能；对于有一定教学经验的教师来说，可以通过微格教学实践，深入探讨较深层次的技能，有利于总结经验、互相交流、共同提高教学能力，从而达到提高教师整体素质的目标。在技能分析和示范阶段，导师要做启发性报告，分析各项技能的定义、作用、实施类型、方法及运用要领、注意点等，同时将事先编制好的示范录像给学员观看。

（三）适当地组织示范和观摩

在提高各项教学技能时，可以提供相关的课堂教学片段，组织学生进行示范观摩。观看录像后引导小组成员讨论分析，取得共识。这样，学员不仅获得了理论知识，也有了初步的感知。

1. 观摩微格教学示范录像

（1）教学示范录像片段的选择

在选择示范录像时要遵循两条原则，一是水平要高，二是针对性要强。示范的水平越高，学员的起点就越高；针对性越强，该技能的展现就越具体、越典型。

（2）提出观摩教学示范录像片段的要求

在观看示范录像片段时，指导教师要先提出具体要求，明确目标，突出重点，边观看边提示。提示时要画龙点睛，简明扼要，不可频繁，以免影响学员观看和思考。

2.组织学习、讨论、模仿

（1）谈学习体会

教师们主动谈自己的观后感：哪些方面值得学习；对照录像，检查自己的教学与录像存在哪些差距。

（2）集体讨论

重点交换各自的意见，在要学习的方面达成共识。指导教师也要参加讨论，重点指导。

（3）要点模仿

示范的目的是帮助受训者进行模仿。许多复杂的社会型行为，往往都能通过模仿而获得。实际上，受训者在观看录像时，就已渗透着模仿的意义。这里所说的模仿，主要是在指导教师的指导下进行重点模仿。此外，指导教师的亲自示范或提供反面示范，对学员理解教学技能也会起到十分重要的作用。

（四）进行角色扮演的训练

1.角色扮演的作用及意义

角色扮演是微格教学中的中心环节，是受训者训练教学技能的具体教学实践活动，在活动中每个受训者都要扮演一个角色，进行模拟教学。这样做，改变了传统的"老师讲、学生听"的教学模式，给受训者提供了充分的实践机会，提高了培训质量。

2.角色扮演的相关要求

角色扮演的要求主要有以下两个方面。

（1）扮演"教师"者要真实，按照自己的备课计划，在有控制的条件下，训练教学技能。

（2）扮演"学生"者要充分表现学生的特点，自觉进入特定情境。

第二节　微课教学

一、微课的含义

（一）微课的起源

微课最早起源于 1960 年，当时美国的爱荷华大学附属学校提出了微型课程，将微型网络视频带入人们的视野，从而使这种微型课程教学模式逐渐在教育领域中活跃起来。特别是最近几年来，出现了 MOOC 等一系列的网络课程，进一步促进了微课的发展。

（二）微课的含义

1. 微视频

微视频是微课呈现给观众的最直接的形式，也是微课的核心内容，其具有以下特点。

（1）目标明确，主题突出

在微视频当中，教学者可以阐述明确的教学目标，在整个教学视频的播放过程中，也会呈现出明确的主题，观看者可以一目了然。

（2）内容碎片化，但短小精悍

微视频的首要特征是其内容的碎片化，只侧重于一个知识点或部分知识点的学习，但是在内容表达和教学目标阐述方面，给人一种短小精悍的感觉。

（3）情境真实，资源多样

在微视频中，往往可以呈现出多种多样的教学资源，并且其反映的情境往往是非常真实的，可以帮助学生更好地学习。

（4）获取方便，便于学习

微课的容量比较小，支持多种媒体播放格式，可以将其保存到各种多媒体终端，方便教师和学生随时随地学习。

2. 微课程

微课程具有微视频的上述特征，此外还具有一些自己的特征。

（1）更新快，便于扩充

在教师和学生的互动交流当中，根据师生所给出的反馈意见和评论，不断优化微课程的内容，及时进行扩充和改进。

（2）关注学生的发展

在微课程的发展过程中，更关注学生的学习情况，关注学生学习的主动权，根据学生学习的足迹推送相应的学习资源，从而促进学生的良好发展。

二、微课教学的含义与程序

（一）微课教学的含义

这里所说的微课教学是狭义上的微课教学，是教师将微课的资源整合到日常课堂当中，根据学生的学习特点和学习进度，将微课资源与普通课堂相结合，从而实施教学的过程。

（二）微课教学的程序

微课教学的流程包括以下几个方面。

1. 制作微课程学习视频

在进行微课程视频的制作时，应该抓住相应的教学重难点，将重难点总结成为 10 分钟的视频，在制作视频的过程中，要注意保证视频的趣味性和引申性。此外，所制作的视频也应该具有一定的互动性，使学生和教师可以进行一定程度的互动和交流，从而不断改进课程内容。

2. 设计课堂学习形式和方法

通过微课学习，可以使学生在课外时间里学习相应的知识，在课堂内进行自主探讨和内化，从而进行有效整合，促进教学质量的优化。

3. 评价教学过程

针对微课教学过程，应该从教学设计、教学过程、教学内容、学生学习效果等方面进行评价，从而为下一步改进微课提供参考和建议。

三、体育微课教学

（一）体育微课教学的优势

在体育教学中，体育技能和动作技术的教学较多，传统体育教学中，教师教完一遍技术动作之后，学生不一定都能学会，从而导致学生对技术动作的理解不深刻，难以实现预期的学习效果。而体育微课教学可以使学生通过微视频体育课程的反复学习，更好地理解相关的技术动作，通过将技术动作制作成动画或者慢放模式，促使学生形成良好的运动体验和感知，使学生逐渐体会技术动作的要点，最终熟练掌握相应的体育技能。此外，微视频可以声情并茂地将体育教学的过程展现出来，从而提高学生学习的兴趣和积极性，不断提升体育教学的质量。

（二）体育微课教学的设计理论

1. 体育微课教学设计的原则

（1）动静结合原则

在设计技术动作时，如果仅仅是给学生展现视频动作，可能会造成学生走马观花或者不理解视频内容的局面。因此，一定要配以相应的文字说明，这样才能使微课的内容显得更加饱满，并且具有一定的深度。

（2）自主探究原则

体育微课的设计，一定要给学生留下自主学习和探索的空间，使学生对体育技能内容能够不断进行自我练习和提升，体现微课教学的优势，促进教学的顺利进行和教学质量的提高。

2. 体育微课教学设计的关键

（1）选取体育教学的重难点

在体育教学过程中，教学重难点这部分往往是学生不易掌握，很难学好的。为此，教师应根据本次体育课堂的教学内容，从中摘取相应的技术动作重难点，利用微课将其制作成一个 10 分钟的短视频，从而促进学生更好地学习，如前滚翻中的抱头动作等。

（2）设置相应的课程目标

在设计微课的过程中，要注意根据教学内容设置相应的课程目标，根据学生的年龄特征和技术合理恰当地进行设置，从而促进教学目标的不断实现。

（三）体育微课教学的过程

体育微课教学中，由教学设计、教学过程、教师课后教学反思等相关教学资源构成了一个主题鲜明、类型多样、结构紧凑的体育微课教学环境，营造了一个真实的"微教学资源环境"。结合体育教学的特点，体育微课教学过程可概括为课前准备、课中教学和课后反思三个步骤。

1. 课前准备

课前准备是对内容编制技能的体现，主要包括对体育教学内容进行选取、对体育教学目标加以确定、制定相应的体育教学策略、设计体育教学顺序并对场地器材加以安排等。

在选取体育教学内容方面，通常要求要将主题突显出来，对一个问题集中进行说明，一般要设定具有明确指向的体育教学目标，合理、恰当地制定体育教学策略，要设计相对完整的体育课堂结构。

2. 课中教学

微课虽然是一个课例片段，但要求结构完整，课中教学一般由导入、教与学和总结评价构成。

（1）导入（引出问题）

微课的时间比较短，在设计体育微课时，要注意切入课题的方法，力求新颖，与题目关联紧凑，以分配更多的时间讲授相关内容。

（2）教与学

教与学是微课教学的主体部分，要以解决一个技术问题为主线，讲解力求精而简，练习方法力求简单有效。在训练过程中要注意巧妙启发、积极引导，力争在有限时间内完成微课教学任务。

（3）小结

课堂小结对于一堂普通课来讲必不可少，在体育微课教学训练中，课堂小结同样具有重要的作用，它是内容要点的归纳，是对整堂课的总结。课堂小结不在长而在精，要根据体育课堂的实际情况做出科学有效的总结。好的微课小结可以起到画龙点睛的作用，可加深学生对所学内容的印象。

3. 课后反思

从本质上来说，体育教学活动具有反思的性质，通过课后反思能够促使体育教学技能水平的提高，在结束体育微课教学训练之后，要总结和反思这个过程，要将教学探究和解决问题作为基本的立足点，对教师的教和学生的学进行反思，以对目标的合理性进行检验，并检验教学目标是否与教学规律相符合，训练过程中是否将"学会教学"和"学会学习"统一起来，从而提出改进策略。

第三节　信息化教学

一、信息化教学基本理论

（一）信息化教学的概念

随着人类社会信息化技术的快速发展，信息技术在各个行业中得到了普遍的应用，教育领域也不例外。信息化教学指的是，在现代教学理念的指导下，充分利用现代信息技术，包括网络技术、计算机及多媒体技术、卫星通信技术等，调动多种教学媒体和信息资源，构建良好的教学与学习环境，并且在教师的组织和引导下，积极发挥学生的主观能动性，使学生真正成为知识和信息的主动建构者，从而实现良好的教学效果。

（二）信息化教学的基本理念

"以学生为本""以人为本"是信息化教学的基本理念，该理念主要体现在以下几方面。

1.强调学生主体地位

在现代教学中，学生是个性丰富的、鲜活的、具体的、不断发展的认识主体，是独立的群体和个体，主观能动性很强。在教学过程中，学生的主体性主要表现为主动性、自主性和创造性。

2.强调学生的主观能动性

在教学过程中，要激发学生的学习兴趣和探究激情，就要尊重学生的个性和特长，促使学生积极参与体育学习，最大限度地发挥学生的潜能。通过采用多媒体技术，可以提高学生的学习兴趣，同时采用多样化的教学方式能够更好地促使学生积极主动地探究新知识。

3.从强调积累知识和训练技能转变为学生主动建构

根据建构主义的相关学习理论观点可知，知识是学习者在一定的社会文化背景下，借助他人（包括学习伙伴和教师）的帮助，通过对相关学习资料的充分利用，以意义建构的方式而获得的。这些年来，学习者掌握知识已经从过去的被动接受转变为主动建构。

4.从接受式学习转变为探究、自主、合作式的学习

在课程实施方面，新课改明确指出要改变过去过于强调死记硬背、被动接受学习、机械训练的状况，鼓励学生乐于探究、主动参与、勤于动手，对学生在信息收集和处理方面

的能力、学习新知识的能力、分析和解决问题的能力以及合作和交流的能力进行培养。

这就要求教师要改变传统教学方式，采用信息化教学的方式培养学生的探究学习能力、自主学习能力和合作学习能力。此外，还要培养学生的合作学习意识、主动探究的能力，让学生意识到只有积极主动地学习才能够适应信息化社会的需求。

5.强调师生的互动交流

师生之间进行多样化的交流，能够拉近师生的心理距离，提高学生的学习兴趣，使学生在学习的过程中共享生活经验，完善知识结构，通过社会性学习发展社会性素质。

对于教师来说，通过师生之间的相互交流，通过与学生平等的交往，能够更深入地了解学生，获得更丰富的反馈信息，从而相互学习，获得共同提高。

6.强调活动的重要性

传统的教学活动主要是侧重于知识的"授—受"活动。而现代教学活动的主要观念是要求在教学中，充分认识活动的多样性和重要性，教师要向学生设计一些具有多种性质的活动，在活动中组织学习参与各种形式的学习，使学生的自觉性和主动性能够在活动中得以充分发挥，并通过该活动对学生的创新精神、创新意识、创新能力进行培养，以更好地促进学生的能力、知识和个性的全面发展。

（三）信息化教学的要素

在传统教学理论研究方面，常常将教师、学生、教学内容三者看作是整个教学系统的主要构成要素，又被称为教学系统"三要素"。

随着现代信息技术的快速发展，在现代体育教学活动中，媒体的作用越来越突出。因为媒体要素的介入，体育教学内容在传递方式和表达形式方面发生了很大的变化，同时教学方式也有了重大改变。在信息化教学系统中，媒体成为主要构成要素。

在信息化教学系统中，教师、学生、教学内容和媒体是非常重要的核心要素。在一定的教学环境中，这四个要素相互作用，创造了良好的教学效果。

1.媒体

在信息化教学过程中，媒体因素主要是指现代教学媒体，现代教学媒体是通过利用现代科学技术成果而发展起来的，并被运用到教学领域的电子传播媒体，主要有录音、投影、幻灯、录像、电视、计算机等教学媒体以及这些教学媒体相互组合而成的教学媒体系统，如视听阅览室、微格教学训练系统、闭路电视系统、语言实验室、计算机网络教室、校园计算机网络系统、多媒体综合教室等。

2. 教师

随着现代信息技术的发展及其在教学中的广泛应用，教师的角色也发生了很大的变化，同时也面临着新的挑战，要求教师在信息化教学环境中要具备相应的教学能力，具体体现在以下方面。

（1）掌握现代教学理念

信息化教学中的教师要明确现代教学理念，掌握信息化教学的基本理论和方法，以更好地改善教学，提高教学效率。

（2）具备信息化教学能力

信息化教学能力是指教师在现代教学理念的指导下，利用现代信息技术和丰富的教育资源，运用多种信息化教学方法开展教学活动，解决教学问题，优化教学过程的能力。它是教师在信息化教学中必须具备的重要能力之一，也是教师有效利用信息技术而开展教学活动的能力。

信息化教学能力主要包括以下两个方面。

①信息素养

教师的信息素养主要包括以下几点。

信息意识：教师要具有敏锐的信息意识，能够正确理解"信息""教育信息化""信息社会"等相关概念和内涵，这样才能更好地开展信息化教学。

信息知识：教师要具有一定的信息知识储备，了解信息技术、信息化教学相关的知识、方法和理论。

信息能力：教师要具有相应的信息能力，也就是说，要具备利用信息技术来开展教学的能力。

信息道德：教师要具有良好的信息道德和一定的信息安全意识。

②信息化教学设计能力

教师应当明确信息化教学设计的内涵，了解信息化教学设计的特点，理解信息化教学设计的原则，掌握信息化教学设计的方法。

（3）集多种角色、多重身份于一体

在信息化教学过程中，教师是教学内容的设计者，是学习活动的组织者和参与者，是学生学习的指导者。同时，教师既是学生的导师，同时还可以成为学生的朋友、同伴等。

3. 学习者

信息技术在教学中的应用为学习者的学习提供了很多便利，同时也对学习者提出了更高的要求，具体表现在以下几方面。

（1）良好的信息素养

在信息化教学中，学习者要具备较高的信息素养，能够从大量的信息资源中找寻所需的信息，并对信息进行加工、整理、保存；能够使用常用的软件进行学习并与他人交流；学会反省、评价和监督自己的学习过程。

（2）学习方式多样化

信息技术的出现使得学习者的学习行为和学习方式发生了变化，学习者既能够通过课堂来接受指导，同时还能够利用现代教育媒体来获得更多的教学信息资源。在现代教学媒体和信息技术的支持下，学习者的学习方式从过去的被动接受转变为合作学习、自主学习、探究学习等多元化、信息化学习方式。

（3）集多种能力于一身

在信息时代，学习者要具有自主学习能力，具体如下。

①确定学习内容的能力。

②获取相关资料和信息的能力。

③利用和评价相关资料和信息的能力。

④合作与协作的能力。

⑤创新精神和创造能力。

4. 教学内容

现代信息技术的出现和现代教育媒体在教学中的应用，使得教学内容具有新的特征，主要表现在以下几个方面。

（1）表现形态多媒体化

信息化技术可以用文本、图表、图形、声音、动画、视频以及模拟三维景象等形式呈现教学内容，利用多媒体方式呈现的教学内容能够将抽象的知识形象生动地表现出来，使学习者能够更好地掌握知识，从而提高教学效率。

（2）处理数字化

信息化技术将文本、声音、图形、图像、动画、视频等教学内容信息由模拟信号转换成数字信号，这样可靠性更高，更容易存储与处理。

（3）传输网络化

信息化技术可以通过网络实现远距离传输，学习者可以在任何一台能够上网的计算机上获取自己需要的信息。

（4）超媒体线性组织

信息化教学内容采用超媒体技术构建，支持文本、音频、视频、图形、图像、动画等多媒体信息，并采用网状结构非线性地组织、管理信息的超文本方式，对教学信息进行有效组织，适合人脑的认知思维方式，也有利于有效地组织教学信息，促进知识的迁移。

（5）综合化

在信息化社会，知识具有高度的综合性，信息时代需要具备各方面知识的"全才"。在信息化社会中，学生学习的内容不仅仅局限于某一门独立的学科，特别是随着网络时代的到来，学生的学习和生活中出现了许多新的课题，这些课题不是仅靠学习某一门或几门学科的知识就能够完成的，而是需要学生把所有学科的知识整合起来运用到学习中，如此才能有效解决问题，才能符合信息化社会对人才的要求。

（四）信息化教学与传统教学的差异

1. 教学资源的差异性

传统教学资源与信息化教学资源的差异见表 5-1。

表 5-1 传统教学资源与信息化教学资源的差异

教学资源项目	传统教学资源	信息化教学资源
教学环境	以教室为主，以课堂教学为主要教学形式	以信息技术的应用为特征，多样化的教学环境和教学形式
支持系统	教师和同伴对学习者的指导与帮助	现代媒体和学习工具对教与学过程的参与，网络信息对学习内容的补充
教学材料	书本、教科书、挂图、教学器具、课件、教学电视等	数字化素材、教学软件、补充材料等

2. 教学手段的差异性

传统教学手段与信息化教学手段的差异见表 5-2。

表 5-2 传统教学手段与信息化教学手段的差异

教学手段项目	传统教学手段	信息化教学手段
媒体特征	传统媒体	多媒体
讲授方式	灌输式的讲授	交互式指导
表现形式	单一化	多样化
信息传递	单向传递	双向、多向传递

3. 教学模式的差异性

传统体育教学模式与信息化教学模式的差异见表 5-3。

表 5-3 传统教学模式和信息化教学模式的差异

教学模式项目	传统教学模式	信息化教学模式
学生的地位	被动接受知识	主动构建知识
教师的地位	知识的灌输者	学习的指导者、帮助者
教学内容的主要来源	课本、教材	课本、教材、网络资源
媒体的作用	教师向学生传授知识的工具	教师教的工具、学生学的工具以及交互工具

（五）信息化教学中多媒体教学软件的开发

1. 多媒体教学软件的概念

多媒体教学软件就是指根据课堂教学大纲的具体培养目标要求，采用多媒体与超文本结构，如文本、图像、视频、动画、音频等来展示教学内容，同时采用计算机技术进行记录、储存和运行的一种教学软件。

2. 多媒体教学软件的类型

常见的多媒体课件具有以下几种类型。

（1）模拟型

模拟型课件是通过计算机软件、硬件以及相应的外部设备，对那些在一般条件下不易实现的实验操作、技能训练等内容进行模拟、仿真，以期达到学习目的的基本方式。

（2）个别指导型

个别指导型课件主要是对学生进行个别化学习辅导。根据相应的教学要求和教学目标，将一定的学习内容呈现给学习者，在学习者做出应答之后，计算机做出诊断和评判。如果回答错误，则要适当进行补充学习；如果回答正确，则进入下一步。

（3）资料型

资料型课件其本质是一种教学信息库，包括各种电子字典、电子工具书、动画库、语音库、图形库等。其目的主要是向学习者或课堂教学提供学习信息资源，通常用于学生课外查阅和在课堂上进行辅助教学。

（4）问题解决型

问题解决型课件的主要思想是让学习者在解决问题的过程中学习，实现既定教学目标。主要用来对学习者分析和解决问题的能力进行培养。

（5）练习测试型

练习测试型课件以复习巩固为目的，通常也把它称为题库式。它是以选择题（单项或多项）、填空题、是非题为主，采用提问式、应答式或者反馈式等形式，先由计算机提出问题，学生自主回答，然后计算机判断正误，并及时反馈结果。

（6）游戏型

游戏型课件集教育性、科学性和趣味性为一体，是一种以游戏的方式来安排教学内容的教学软件。其具体要求是把知识的获取作为游戏闯关的结果并建立相应的激励措施，且这种激励措施应积极向上，有趣、健康；并注意知识的科学性、教育性和完整性。

（7）演示型

演示型课件的主要目的是在课堂教学中辅助教师的讲授活动。其特点是注重对学生的启发、提示及反映问题解决的全过程，主要用于课堂演示教学。

3. 多媒体教学软件的开发步骤

开发高质量的多媒体课件是一个非常复杂的系统工程，需要整个开发小组全体成员通力合作，需要明确开发过程的各个任务和步骤，为具体开发行动提供指导。

（1）环境分析

多媒体课件的环境分析主要包括课件目标分析、课件使用对象分析和开发成本估算等几项内容，具体介绍如下。

①课件目标分析

课件目标分析除了要包含学科领域和教学内容的范围外，还要对教学提出相应的具体要求。

②课件使用对象分析

课件使用对象分析主要涉及以下三个方面。

第一，学习者的一般特点，包括性别、年龄、文化背景、学习动机、文化程度、工作经历等。

第二，学习者的态度以及所具备的相应基础知识和基础技能。

第三，学习者所具有的计算机技能。

③成本估算

开发多媒体课件的成本估算通常也是不可缺少的。开发的总费用一般包括开发组成员的劳务费用，各种参考资料费，磁盘、打印纸等各类消耗材料费以及软件维护费等。

（2）教学设计

教学设计是课件开发过程中最能体现教师教学经验和教师个性的部分，也是教学思想最直接和具体的表现。

教学设计阶段的主要任务包括详细分析教学内容、划分教学单元、选择适当的教学模式等。

（3）脚本设计

脚本是在教学设计基础上做出计算机与学生交互过程方案设计的详细报告，是下一阶段进行软件编写的直接蓝本，是课件设计与实现的重要依据。因此，在课件开发过程中，脚本设计阶段也是从面向教学策略的设计到面向计算机软件实现的过渡阶段。

脚本描述没有规定格式，包含的内容基本一致，即在脚本中应注明计算机屏幕上要显示的内容（包括文字、动画、图像和影像等）、音响系统中所发出的声音以及这些内容输出的具体顺序与方式。

通过编写课件脚本，能够将作者的设计思想直观体现出来，从而为软件的制作提供相应的依据。

（4）软件编写

该阶段的任务是将教学设计阶段所确定的教学策略，以及脚本设计阶段所得出的制作脚本，用某种计算机语言或多媒体软件工具加以实现。

为了提高效率，应该尽量收集、尽可能利用现有的多媒体素材，根据课件内容需要进行编辑加工。在多媒体素材采集、编辑完成后，就可以用多媒体创作（编辑）工具进行集成了。各种常见的多媒体创作工具与多媒体硬件、其他各类媒体的编辑工具一起构成多媒体制作环境。

课件程序编写完成后应当仔细调试，目的是找出程序中可能隐含的各种错误并及时排除，其中包括教学内容上和计算机程序编写上的各种错误。

（5）评价与修改

课件开发过程中，课件评价与修改是其中非常重要的一个环节，这一阶段实际上在整个课件开发的各个阶段中都存在。

由于多媒体课件类型、应用对象的多样性，目前国内外评价多媒体课件质量的指标体系不尽相同，但其基本内容比较一致，主要是对其教育性、科学性、技术性、艺术性和实用性等要素展开评价。

（6）使用与发行

通过评价，了解多媒体课件的综合质量，然后有选择地发行并投入使用。

二、信息化教学模式与应用

（一）基于电子学档的信息化教学模式与应用

1. 电子学档的特点

电子学档具有以下特点。

（1）开放性传播。

（2）数字化的表达形式。

（3）创新性思维构思。

（4）自主性创造活动。

（5）自激励与他激励。

（6）过程性评估。

2. 电子学档教学模式

（1）以"理解并组织学科教学"为标准

教学档案袋内容如下。

①长期的课程计划。

②在职工作或参加教育学知识培训课程的文件记录。

③记录学科知识或课程整合的课程计划。

（2）以"发展成为专业教育者"为标准

教学档案袋内容如下。

①根据实际选择教学内容的计划。

②集体教学情况的记载。

③与家长交流书面材料。

（3）以"创设并保持有效的学生学习环境"为标准

教学档案袋内容如下。

①课堂环境的照片。

②教学规则或程序的计划。

③纪律和管理计划。

（4）以"为学生学习提供支持和保证"为标准

教学档案袋内容如下。

①教学计划。

②课本、文献或其他所用资源的书目提要。

③与教学有关的课堂生活照片。

④教师开发的教学材料。

⑤展示他们感兴趣的学生作业。

（5）以"为每位学生制定教学计划并设计学习体验"为标准

教学档案袋内容如下。

①教学目标。

②教学计划。

③教学计划的调整。

（6）以"评定学生的学习"为标准

教学档案袋内容如下。

①列出所用的评定方法。

②反馈给学生评定结果的样本。

③学生作业样本。

④学生作业的三维立体照片。

通常来说，任何一个档案（传统档案、电子档案），都应包括以下几个方面的内容。

①学习目标。

②材料选择的原则和量规。

③教师和学生共同选择的作品范例。

④教师反馈与指导。

⑤学生自我反省。

⑥清晰合适的作品评价标准。

⑦标准和范例。

对于不同的学科和内容，电子学档的框架和内容也是不同的，在设计时不能完全参考某一专家或者学者的观点，需要依据学科的特性适当调整电子学档的框架及内容。

3. 基于电子学档的信息化教学模式应用案例

教学目标如下。

（1）认识、理解图文并茂和图文混排。

（2）建立、培养利用收集信息的意识和良好的信息素养。

（3）增进对已学计算机知识的理解。

（4）学会利用文字处理软件制作高质量的电子作品，熟练掌握 Word 图文混排的基本方法，养成良好的学习习惯，结合知识和操作技能，更好地展现主题内容。

教学过程如下。

（1）学生按照前期的任务从任务文件夹里下载任务和作品要求、素材、自评表。然后在网上搜索相关资料，并开始着手制作电子作品。也可以利用课外阅读时间收集来的资料，但要求注明具体出处及相关作者。

（2）修改和完善电子作品，并根据教师提供的评价量表进行自我评价。同时各自的电子作品提交到指定的文件夹，通过校园网络进行作品浏览和作品的互评。将这些内容制作成 Word 文档，同自评和互评一并提交到公共文件夹中。

这个文件夹里设计了任务、知识点、素材和评价，其中任务文件夹里的子文件夹有目标和要求，目标文件夹说明完成此任务后实现的学习目标，要求文件夹说明完成此任务的要求。知识点文件夹包括 Word 图文混排的知识点，素材有教师收集的素材，也可以是学生收集的素材。评价包括教师评价量表和学生自评量表。

此文件夹是提供给学生的，学生可以通过文件传输软件下载需要的学习任务、素材和评价量表，然后根据任务要求完成任务，最后进行自我评价。

（二）协作型信息化教学模式与应用

1.协作学习的概念

协作学习是指学习者以小组的形式在一定的激励机制下，学习者个人和小组通过协同互助的方式，为完成共同任务而开展的学习活动，又被称为"合作学习"。小组活动是协作学习的主体，强调小组成员的协同互助、强调目标导向功能、强调以总体成绩作为激励。

2.计算机支持的协作学习系统的基本要素

（1）基本要素

计算机支持的协作学习系统的主要构成要素包括协作小组、成员、辅导教师、协作学习环境等。

（2）计算机支持的协作学习系统的设计

计算机支持的协作学习系统的设计主要包括以下环节。

①确立学习主题。

②准备学习资源。

③组织小组成员。

④管理和评价学习过程。

⑤设计交互工具。

⑥设计合作方式。

（3）计算机支持的协作学习过程模型

通常来说，学习者协作学习过程主要分为三个阶段，即分组、学习、评价。在此基础上，结合计算机支持协作学习的特征，从学习者的角度出发，提出一个计算机支持的协作学习系统过程模型。可以大致将这一学习系统分为四个阶段，分别是学习者特征分析、分组、学习进程和总结评价。

3.协作型信息化教学的设计步骤

（1）明确学习目标

学习目标指的是学习者在学习过程中预期达到的学习效果。在教学开始前，教师将学习目标告知学习者，使学习者能够明确自己应该学会什么、要达到什么样的程度。实验证明，明确的学习目标能够对学生学习活动的安排、学业成绩的提高产生积极的影响。

（2）组建学习成员

在遵循"组间同质，组内异质，优势互补"原则的基础上，全面了解学生的具体情况，然后根据学生的学习状况、能力倾向、个性特长等因素进行"同质"分类，然后再进行异质组合，使他们成为一个合作学习小组。

（3）进行协作学习

在此过程中，学生之间为了达到小组学习目标，个体之间可以采用对话、商讨、争论等形式充分论证问题，以期获得实现学习目标的最佳途径。

（4）总结性评价

协作学习结束后，可以采用组内评价、组间评价或者教师评价等方式来最终评定各小组学习结果。

通过协作学习，能够更好地促进学生个体思维能力的发展，增强学生个体相互之间的沟通能力以及包容个体差异的能力。此外，通过协作学习还能够促使学生的学习成绩不断提高，使学生形成创新思维和批判思维，使学生形成乐观对待学习内容和学校的态度，提高小组个体之间及其与社会成员之间的交流沟通能力，处理自尊心和个体间相互尊重的关系等。

三、信息化教学设计与应用

（一）信息化教学设计的概念

信息化教学设计就是运用系统方法，以学为中心，充分利用现代信息技术和信息资源，科学安排教学过程的各个环节和要素，以优化教学的过程。

（二）信息化教学设计的基本特点

传统的教学设计是以行为主义理论作为指导，而信息化教学设计是以建构主义理论作为指导。

综上所述，可以将信息化教学设计的特点总结归纳为以下几点。

（1）以建构主义学习理论为指导，但不否定行为主义的观点。行为主义学习理论认为，一切学习过程都是不断尝试，不断发生错误及失败，最后才取得成功的过程。

（2）教学过程设计是信息化教学设计的核心，在这一环节非常重视学习环境的创设以及学习资源的利用。

（3）以教学单元为教学周期单位，教学单元可以是某章、某节，或者是围绕某一个主题而整合的相关学习内容。依据教学单元内容确定课时，而不是为了完成课时工作量去安排内容。

（4）学习内容为交叉学科专题，强调综合性。

（5）采用探究性学习、资源型学习和合作学习教学模式。

（6）教学评价依据电子作品集，而非终结性考试。

（三）信息化教学设计的内容与步骤

信息化教学设计的内容与步骤如下。

（1）学习者特征分析：确定教学起点，以便因材施教。

（2）教学目标分析：确定教学内容及知识点顺序。

（3）教学模式与策略的选择和设计。

（4）学习情境与学习任务的设计。

（5）教学媒体与教学资源的选择和设计。

（6）教学评价的设计。

（7）管理与帮助的设计。

（8）教学过程与结构的设计。

四、信息化教学评价及应用

（一）信息化教学设计的评价标准

评价信息化教学设计是否成功时，可对照以下标准进行评价。

1. 是否能有效评价学生的学习情况

（1）教学计划中是否包括能够用于科学评价和评估的工具。

（2）学生的学习目标和学习成果评估标准之间是否有明确关系。

2. 是否有利于学生学习效果的提高

（1）学习目标是否明确。

（2）是否所有的学习目标都符合相关教学大纲要求。

（3）教学设计中是否考虑了学生的个体差异，并明确说明如何调整成效标准以适合不同的学习者。

（4）教学设计能否激发学生的兴趣，是否与学生的年龄特征相符，是否有利于对学生学习能力、高级思维能力及信息处理能力的培养。

3. 教学计划是否能简单易行地实施

（1）是否可以根据具体教学情况的差异修改教学计划，以便应用于不同班级。

（2）教师是否可以比较轻松地应用教学计划中的技术，并获得相应的软硬件支持。

4. 技术与教学是否得到了合理整合

（1）技术的应用和学生的学习之间是否有明显关联。

（2）技术是否是成功实施教学计划中必不可少的一部分。

（3）把计算机作为研究、发布和交流的工具是否有助于实施教学计划。

（二）信息化教学评价的原则

1. 在教学前提出预期

在信息化教学中，学习任务是真实的，而学生又具有一定的自主权和控制权。为避免学生在学习过程中"迷途"，在开始教学前，预先通过提供范例、制定量规、签订契约，能够使学生明确自己要达到的目标。这样学生会更有目的性地完成任务。

2. 基于学生在实际任务中的表现进行评价

在信息化教学中，教学组织者要尽可能从"真实的世界"中选择挑战和问题，并在评价时关注学生在实际任务中所表现出来的提问能力、寻求答案能力、理解能力、合作能力、创新能力、交流能力和评价能力。要将评价重点放在如何促进学生这些能力的提高上，而不仅仅是判断。

3. 随时且频繁进行评价

信息化教学中的评价是一个进行中的、嵌入的过程，所以其应该是随时并且频繁进行的，目的是衡量学生的表现与教学目标之间的差距，进而及时改变教学策略，或者要求学生改变他们的学习方法及努力方向。事实上，评价是促进学生发展的主要工具。

4.学生对评价进程和质量承担责任

要提高学生的自我评价能力，需要给学生提供制定和使用评价标准的机会，使他们在思考和反思中发展自身的技能。因此，只要有可能，就要尽量鼓励学生进行自评或互评，并使他们对评价结果承担责任。

五、信息技术与体育课程的整合模式

信息技术与体育课程的整合主要有以下三种课程模式。

（一）信息技术课程——信息技术是学习的对象

开展体育信息技术课程主要是为了正确使用信息技术，从而发挥信息技术在体育教学中的作用。开设信息技术课程可培养学生利用信息技术解决问题的能力。在课程整合理念下，信息技术课程模式因具体操作流程的不同而显示出一定的差异。

1.带疑探究—讲授示范—动手操作型

（1）教师以课程教学目标为依据向学生提出具有吸引力或探究性的问题，并激励和引导学生思考与探究，引导学生将已有信息技术利用起来探寻解决问题的方法。

（2）教师将问题分解为若干信息技术学科知识点传授给学生，接着进行示范操作。

（3）学生按照教师的示范与讲解试着独立操作，从而掌握知识和技能。

（4）教师对学生的学习进行评价，并组织学生互评。

2.任务驱动—协作学习型

（1）教师以教学的重难点为依据灵活设计信息技术的教学目标和任务。任务系统呈梯状，由易到难，具有层次性。

（2）教师将教学任务呈现给学生，让学生自主选择合作伙伴，协作学习、共同探究。学生在探索学习中发现信息和资料后，要分享给小组其他成员，小组内成员互相交流，共同学习。

（3）教师进行总结性评价。评价重点是考查学生运用信息技术的能力。

（二）研究型课程——信息技术是学习工具

研究型体育课程与科学研究的方式相类似。在这一整合模式下，学生积极参与学习与研究，利用信息技术多渠道分析、归纳、整理各种资料，从中提炼信息，同时运用各种信息工具体验科研过程，探索与构建指导实践的理论体系。

研究型课程中的整合任务是课后的延伸，超越了传统的单一学科学习的框架，依据学生不同的认知水平，以主题活动的形式呈现社会生活中学生感兴趣的问题，让学生在研究中完成任务，达到课程目标。

（三）与其他学科的整合——信息技术是教学工具

信息技术辅助下的体育课堂教学有多种表现形式，下面主要介绍常见的几种表现形式。

1. 群体—讲授型模式

群体—讲授型模式是在同一时间内，对整个班级群体进行同样内容的教学，这里所运用的信息技术是作为教学手段出现的。这种模式的优势主要表现在以下几方面。

（1）集文字、图片、声音、图像的表达于一身，使体育课堂教学活动更加生动有趣。

（2）时间、空间和宏观、微观等因素对此不构成限制，便于促进教学重点和难点的突破。

（3）简单，容易操作，能够将教学内容快速、及时地呈现出来，促进体育教学效率的提高。

群体—讲授型模式的实施步骤如下。

（1）教师备课时研究教学内容，教师可以自己设计课件，也可以从资源库里选。

（2）教师在课上利用课件创设教学情境，将教学信息展示给学生，引导学生思考。

（3）教师进行总结。

2. 自主—监控型模式

自主—监控型模式是在网络教室里，学生利用教师提供的教学资源进行学习，教师监控学生的学习过程，及时对学生提供辅导。在这个模式中，学生可以根据自己的需要使用网络资源。在教学过程中，教师监控学生活动，"手把手"对学生进行交互辅导教学。

自主—监控型模式的实施程序如下。

（1）教师从教学目标出发分析与处理教材，决定用什么形式给学生呈现教学内容。

（2）学生接受学习任务后，由教师指导，利用相关资料或信息独立学习或协作学习。

（3）教师总结教学内容并进行个别化评价。

3. 讨论型模式

师生通过网络交流实现实时和非实时的讨论，这是讨论型模式的基本特点。这种教学模式一般用于教师提出问题，学生讨论问题的教学中。学生的讨论不管是实时，还是非实时，教师都要认真倾听，善于发现学生的好思维，同时也要敏锐观察学生的问题，并给予指导。讨论结束后，教师进行总结和评价。

讨论型模式可以使学生克服自己的心理障碍，真正参与讨论，畅所欲言。这种讨论容易调动学生的积极性，但花费的时间较多。该模式的基本步骤如下。

（1）教师依据教学目标分析与处理教材，决定教学内容的呈现形式，并向学生呈现课件或网页类的教学内容。

（2）学生接受任务后，由教师指导查阅资料或信息进行独立学习或合作学习，利用信息技术完成学习任务。

（3）师生共同开展学习评价、反馈。

在整个教学过程中，教师要重视学生学习的主体作用，培养学生的创新精神和协作能力。

第六章　体育教学与创新应用的保障体系

第一节　体育教学主体的发展

一、体育教师的培养与发展

（一）教师在体育教学中的主导地位

1. 对体育教学内容选择和加工的主导

在体育教学中，体育教学内容的选择和加工也是非常重要的工作内容之一，其也能将体育教师的主导性体现出来，这也使得体育教师成为了选择和加工体育教学内容的主导者。学生学习体育知识和相关技能，都是通过教师来实现的，可以说，教师这一桥梁作用是非常显著的。除此之外，体育教师在选择体育素材并进行加工方面的职责也是至关重要的。

2. 对体育教学方法选择和运用的主导

教学方法是体育教学得以顺利开展的重要手段，在这方面，体育教师的主导性主要体现在对其进行有效选择并加以运用。教学方法的选用是要根据教学内容和学生的实际情况来加以选用的。

3. 对学生良好学习方式的主导

良好学习方式的建立会对学生的学习产生积极的影响，因此，这就需要通过体育教学来引导学生形成良好的学习方式。要想具备这种掌握正确学习方法的能力，学生必须要以探究性和自主性的学习方式为基础，教师在这一过程中，要适当提供帮助，从而使学生能够顺利完成学习任务。

4. 对优良体育教学环境创造的主导

体育教学的教学环境相较于其他学科的教学环境是不同的。一般地，有利于体育教学的良好体育教学环境应该具有美观舒适、激励性和安全性的特点。因此，这就要求体育教师要在创设良好的体育教学环境方面具有一定的能力，为学生掌握体育知识和技能提供帮助，并将已有的体育知识和技能进行迁移形成新技能。

5.对学生体育学习评价的主导

体育教师的主导作用在学生体育学习的评价方面也有显著体现。学生平时的上课态度和学习方式，都是体育教师要注意的重要方面，从而以此为依据来对教学方式和内容进行适当调整，以保证体育教学效果。同时，这些方面也是体育教师对教学评价的主要内容，然后根据评价的结果来对学生进行区别对待，或积极鼓励，或适当表扬。体育教师通过教学反馈来对学生的学习进行终结性评价和形成性评价，通过组织学生之间的相互评价和学生的自我评价来推动体育学习的深入和发展。

（二）体育教师主导性的发挥

体育教师主导性的发挥主要包括"目标""路线""被导的主体"这三个方面的因素，具体如下。

1.进一步了解并熟练掌握体育教材内容

体育教师要对体育教材有非常熟练的了解和掌握，具体来说，就是要明确体育"用什么教"和"怎么教"。还要熟悉体育教材及其背后的体育学科，对体育的文化体系和技能体系有个概念，对体育教材中的"科学体系"有必要的了解。

2.对体育教学观念的认识要全面且深入

体育教师对体育教学观念的全面认识，具体是指体育教师要将体育的教学目的明确下来。体育教师要明确什么样的体育教育能满足社会发展的需求，明白体育学科的最终目的。

3.对学生的身心发展特点及规律的了解要全面

一方面，学生在某些特征方面是统一的，体育教师可以此为依据来了解学生共同的学习兴趣、志向和要求，以及学生面临的学习难点。

另一方面，学生的特征也存在着差异性，以此为依据，体育教师要了解学生在学习兴趣、志向和要求方面的差异，以及学生各自面临的不同的学习难点。

（三）体育教师的可持续发展

1.满足体育教师的需求，保证教师队伍的稳定性

从体育教师的切身需要出发，采取积极措施解决他们生活工作中的困难，满足体育教师的需求，使体育教师队伍保持较好的稳定性。具体的工作内容如下。

①全面提高师资队伍的政治思想素质，通过各种方式和途径来对教师树立正确的人生观、世界观进行有效引导和培养，抓好师资队伍建设。

②要切实提高教师的待遇，使教师的社会价值与所得到的福利之间不要有太大的

偏差。

③努力为中青年教师成长创造一个人尽其才、才尽其用的良好环境。积极引进博士、硕士，保证现有教师队伍的综合专业水平和稳定性。

2.做好培养和培训工作，优化体育教师学历结构

师资队伍建设一直以来就是教育事业发展过程中的重点内容之一，但是，这项工作是非常难的，这就要求在这方面必须加强领导、全面规划和统一管理。

①建立起体育教师的档案，采用多种措施，通过多种渠道为体育教师的培养和培训提供机会，使体育教师的学历水平能够保持在一个较高的水准上。

②进一步规范体育教师的进修和管理工作，使体育教师得到定期的进修机会，同时，也要根据实际情况，适当资助体育教师的科研工作，使体育教师的素质和科研能力得到有效提升。

3.大力改革体育教师管理，保证结构的合理性

要进一步完善教师考核管理体系，使聘任制得以完善，并不断强化职务聘任、岗位责任和考核。在体育教师的管理过程中，要坚持优胜劣汰原则。教师队伍的进入原则要更加严格。

二、体育教学中学生的培养与发展

（一）学生主体性在体育学习中的内容与形式

学生的主体性，就是指体育教师教学活动的开展是围绕学生来进行的。学生学习的主体性是靠人通过自觉能动性而获得的。人的主体性是个性的核心。

1.体育学习内容的选择性

体育学习过程中，学生的选择性主要从选择学习内容和学习方式上得以体现。受现代教学思想、教育目标等方面因素的影响，学生主动参与教学内容选择是非常重要且必要的一项技能。因此，让学生在教学目标的框架内参与一部分教学内容选择，这是学生主体性发挥的需要和必然。

2.体育学习过程中的自主性

体育学习过程中，学生的自主性在很多方面都有所体现。

①是思想意识层面的自主性；

②是学习行为层次的自主性；

③在潜在能力的挖掘方面。

3.体育学习过程中的能动性

学生积极地参与体育活动，并能以自己已有的体育知识经验、认知结构和情意结构去主动地同化外界的教育影响，对它们进行吸收、改造、加工或加以排斥，使新、旧体育知识进行新的组合。这些都体现出了学生在学习过程中的能动性。

（二）体育教学中学生主体性的发挥

1.教师要以学生学习目标为依据来制定教学目标

在体育教学中，教师所制定的教学目标应该和学生学习的目标一致。但是仅仅这样是很不够的，体育教师还要将教授的目标转化成学生学习的目标。某种意义上来说，教师要将"站在学生的立场上看待目标"作为课前准备的重要内容。

2.高度重视对学习方法的选择

对于体育教师来说，要将学生的主体性充分发挥出来，需要让学生按照自己乐于接受的、具有独特个性的学习方法进行学习。尽管当前我国的教育方式已经逐渐由被动向主动改变，但也还是需要在体育教学领域中加强自主性学习和研究性学习的比重，创设一种通过学生自发的、独立地发现问题，以及调查、搜集、实验、处理结果信息、表达与交流等学习方式，对学生自主探索的精神和创新意识进行重点培养。

（三）学生在体育教学中的全面发展

1.加大体育教学改革力度

体育教学改革的实施，对于体育教学效果的提升有着非常显著的意义。不仅在教学内容上要更加丰富和充实，还要选用新的教学方法和现代化的教学手段，这是体育教学发展的必然要求。新的体育教学方法和现代化教学手段能够更加直观地将体育教学的内容展示出来，这有利于学生更准确地掌握体育知识，同时还能增加教学的趣味性，能有效提升学生参与教学活动的积极性和学习效率。

2.提高教师综合素质

体育教师也是体育教学中的重要参与者，其综合素质的高低会对学生的学习兴趣以及教学效果产生直接的影响，因此，师资队伍在现代体育教学中的作用是极为重要的，提高教师的综合素质也成为非常重要且必要的工作任务。从体育教师自身来说，首先要对自己提出严格的要求，创造更多学习的机会，不断进行进修和深造，使自己的综合素质都得到有效提升。

第二节　体育教学文化素质的提升

一、竞技体育文化

（一）竞技体育的概念与分类

1.竞技体育的概念

竞技体育指的是运动员以比赛竞争为基本手段，以满足人们审美享受及刺激等需要的社会实践。

2.竞技体育的分类

（1）非正规竞技体育

非正规竞技体育是指运动参加者为达到娱乐休闲目的而进行的带有健身性和游戏性特点的身体活动。尽管这些活动属于非正规的竞技体育，但是与竞技体育相同的是，非正规竞技体育也需要在运动规则的指导下开展，只是这种规则没有竞技体育那样严苛，比较随意，具有临时性。

（2）组织化竞技体育

组织化竞技体育的特征为其拥有一个基本的管理组织，为了能够使比赛双方在一个公平的环境下争夺"利益"，于是它有正规的球队、团体和竞赛活动章程、规则，以及有关的组织体系，并提供运动设施、管理人员，在有争议时可以出面仲裁，还为参加者提供训练和比赛的资格和机会，对参加者的合法权益加以维护。这类竞技体育组织一般包括各国各地区体育协会、职业俱乐部、体育运动青年会、大学球队等。

（3）商业化竞技体育

商业竞技体育融合了非正规竞技体育与组织化竞技体育的某些要素，但其更多地被笼罩于某种商业目的或企业文化目的之下，因此使竞技体育中增添了许多商业活动和商业行为，甚至是一种强权政治的延伸。这种竞技体育具有高度组织化的特征，参与者被分割成对立的利益群体。

（二）竞技体育文化的特征

1.规则性

竞技体育文化具有规则性特征，主要表现为运动员在比赛进行时要受到各种规则的约束。通常运动员在比赛开始前要了解运动规则，否则就不能对这种特殊游戏的运动进程有所把握。这是物对人的制约，也是主体之间的相互制约。

实际上，竞技体育活动主体的规则性是自我约束机制的产物，是体育不同于其他活动方式的准则，也是体育文化内部多种形态的基础。否则，体育运动就不可能呈现出现在这样的文化形态。

2. 互动性

竞技体育文化与体育文化在很多方面都存在共同点。例如，对于体育文化来说，体育文化是在人与自然，人与人关系的过程中的行为意识、行为方式、行为准则的积淀，这种积淀只有在活动的主体，即人与人在特定条件下的互动中才可以实现。竞技体育同样也是如此。

竞技体育活动主体的互动表现在许多方面，如在集体项目中运动员之间的互动；运动员与观众的互动；观众与观众之间的互动；运动员协会与球迷协会之间的互动等。在各方互动下，时常会出现一定的角色冲突。另外，金牌战略、举国体制、职业化等也是这种互动下的社会适应。在一些体育活动中，活动内容之间的互动使它们在形态上相似而使迁移有了某种可能，可以说是活动的主体在其互动过程中对活动内容认识后的结果。不同的运动形态有其项群特征，表现出一定的相似性，如篮球与橄榄球运动方式之间的关系、橄榄球和足球的关系、乒乓球与网球"同宗同源"的关系就体现了这种特点。

3. 选择性

竞技体育文化还具有选择性特征，这主要表现在竞技体育活动的主体的选择活动。竞技体育活动的主体在选择上，实际上是人与体育活动双向选择的过程和结果，不同的社会角色从事体育活动有其选择，从另一个角度来说是活动内容对不同角色的选择。这种选择是以活动内容、活动主体和社会角色等为依据而确定的。

二、休闲体育文化

（一）休闲体育文化的概念

休闲体育文化是人们通过体育运动的方式，在休闲的实践过程中创造并共同享有的、关于这一社会现象的物质实体、价值观念、制度规范及其行为方式的总和。这一定义主要是从文化的视角进行切入，即将休闲体育作为社会中的一种文化现象来看待，这一文化现象是休闲文化与体育文化的综合。体育文化与休闲文化的内涵都能够通过休闲体育文化表现出来。物质实体、价值观念、制度规范和行为方式等方面的因素是建构休闲体育文化这一表现方式的主要内容。休闲体育文化也正是由这些建构因素综合而成。

（二）休闲体育文化的特征

与休闲文化相同，休闲体育文化也具有一定的民族性、地域性、传承性和时代性等本质特征，同时还具有自身鲜明的特征。

1. 领先性

在现代社会背景下，科学技术快速发展，一些高科技物质被人们直接用于休闲体育中，或经过加工转化为体育器材用于休闲活动中。所以，与休闲的其他方面相比，休闲体育的物化水平明显比较高，这就是其领先性特征的表现。

2. 跨文化性

在现代社会，可供人们休闲娱乐的体育活动项目有很多，无论是现代的还是传统的，或是国内外的体育活动，都可以为人们提供娱乐，这就是休闲体育的跨文化特征。体育运动的国际性特征主要决定了休闲体育文化的跨文化特性。体育活动能够使人的身心需要同时得到满足，人们能够通过参与其中收获健康，并且促进社会文明的发展，不管是世界任何地方的体育活动，也无论其在怎样的文化背景下兴起，人们都会欣然接受。

3. 直接参与性

休闲体育的直接参与性是指休闲体育运动的参与者身心直接参与并投入其中。人们要想实现身心的全面发展，就要在参与体育活动的过程中投入身心，亲自参与，亲自感受并体验休闲运动给自己带来的一些变化。因此，个人只有亲自参与到休闲体育中，才能完成休闲体育文化的积累和体现。休闲体育文化的创造者和体验者就是亲自参与其中的每个人。

4. 自娱自足性

人们参与休闲体育活动，要通过完成一些基本动作才能体验活动给自己带来的身心改变。有些时候，参与者从休闲体育中获得的满足感难以通过休闲体育行为层面完全反映出来，因为有时候人们进行一项活动会从外表上反映出一种艰难和痛苦，但运动所带来的快乐与自由，参与者内心能够体会到。

（三）休闲体育文化的主要层面

休闲体育文化的层面主要包括物化层面、价值观念层面以及制度规范三个层面。下面就做出具体的阐述。

1. 物化层面

休闲体育文化的物化层面主要包括以下两个方面的内容。

（1）人造物

人造物主要是指为了使体育活动项目顺利开展，人们建构的场地器材、硬件设施等。对人造物的命名主要是以其功能与作用为依据，如球场、体育馆、球杆、球拍、球等。

（2）自然物

这里的自然物是指被改造后的自然物，而非纯自然物。改造自然物主要是为了满足人们参与体育活动的需要。常见的自然物主要有滑雪场、高尔夫球场、游泳池、漂流场等。

休闲体育的形成离不开人类运动本能，同时也需要经过社会化改造，体育便是由二者形成的。在人类的社会实践活动中，文化的物化形态通过体育这一方式被完美地体现出来。人们在参与休闲体育运动的过程中，在自然世界和人造世界中对自己的有机体进行改造，从而对物态文化的成果加以体验与享受。与此同时，人们在参与过程中也在对体育物态文化进行改造。

2.价值观念层面

人们的休闲观念与体育观念是休闲体育文化价值观念层面的主要内容。当人们在了解与认识休闲体育的功能与作用时，也包括人们对休闲体育的价值的理解。

一般来说，对休闲体育价值观念层面的理解主要从以下方面进行。

（1）人们参与休闲体育活动，这是其将自己对体育的态度与看法通过实际行动表现出来的主要方式。人们如何看待体育的意义、价值及功能能够通过直接参与的行为反映出来。

（2）人们通过参与休闲体育，能够表现出自己对不同休闲方式的倾向性。

（3）人们在参与休闲活动的过程中，不仅能够使自己对体育的了解不断加深，而且能够充分发挥自身的主观能动性，对休闲体育的价值体系进行积极的挖掘与构建，从而使休闲体育的功能不断得到强化与发展。

3.制度规范层面

社会的制度规范体系的特点也能够通过休闲体育多角度地表现出来，这主要表现在以下几个方面。

（1）社会对人们的行为的评判倾向、社会对余暇时间的规定以及社会劳动生产制度和社会发展的水平等都可以通过休闲体育文化体现出来。

（2）社会中每个公民对休闲体育的参与都必须履行一定的准则，体育法规便是公民这一休闲行为的最高法律规范准则，同时体育法律也可以保护公民的参与权利。

（3）为了使人们参与共同活动的权利得到保障，不同的休闲体育活动项目都属于自身的统一的活动方式和规则要求，这有利于规范人们的参与行为。

三、奥林匹克运动文化

（一）奥林匹克运动文化的范畴

奥林匹克运动文化是体育运动与文化和教育相融合的产物。为了更好地理解奥林匹克运动文化的范畴，我们可以从狭义和广义两个方面入手，具体如下。

1.广义的奥林匹克运动文化

从广义上来说，奥林匹克文化包含相关的物质与精神文化，奥林匹克文化包括奥林匹克运动的全部思想体系和活动内容，是奥林匹克运动在实践过程中所创造的物质与精神财富的总和。

这里所说的物质财富，就是所谓的物质文化，具体来说，主要指奥林匹克运动对人体技能的改造、发展，以及所采用的各类场馆、器材等物质文化设施和由此产生的文化形态。精神财富就是作为精神文化，具体来说，主要指奥林匹克运动对人的内心世界、社会行为的影响，以及与之相关的各项文化艺术活动。不论是古代奥运会还是现代奥林匹克运动，其中都蕴藏着丰富的物质与精神文化。

2.狭义的奥林匹克运动文化

从狭义上来说，奥林匹克文化主要指相关的精神文化。奥林匹克运动对人的内心世界、社会行为的影响，以及与之相关的各项文化艺术活动等都属于这一范畴。

（二）奥林匹克运动文化的内涵

开展奥林匹克运动会，更多的人积极地参与其中，通过这一形式，奥林匹克精神早已在不知不觉中深入到体育乃至生活的各个角落当中。

通常来说，奥林匹克文化的内涵主要表现在两个方面，即和谐发展、和平友谊、公平竞争、重在参与、奋力拼搏和为国争光。

1.和谐发展

和谐发展是奥林匹克运动的重要文化内涵之一。使体育运动能够更好地服务，人类的和谐发展，促进和平、有尊严的人类社会的构建是奥林匹克运动的宗旨所在。奥林匹克运动能够使人的体质得到有效增强，促进人的文化素养、思维能力、意志品质等方面得到较好的发展。总而言之，其内涵体现了身体和精神两个方面。通过体育运动的交流，实现人类社会的和谐发展。

2.和平友谊

和平友谊是世界各国发展的基础，也是人类生存与发展的前提，奥林匹克运动对这一文化内涵进行了很好的诠释。从奥林匹克的精神到奥林匹克的标志，从奥林匹克运动对社会政治经济的影响到奥林匹克运动的作用，现代奥林匹克运动试图建立起沟通各国人民之间的桥梁，让人们以博大的胸怀去认识和理解自己民族之外的事物，建立真诚的友谊关系，从而对世界和平事业起到积极的促进作用。

3. 公平竞争

竞技体育有着较为显著的特点，其中，最为显著的就是其具有非常激烈的对抗性，而且有着很强的娱乐性。体育运动竞赛中，运动员之间激烈的对抗一决高下，这一过程中身体经历了磨砺，意志品质同时也得到了锻炼，而观看比赛的观众则得到了较好的享受。竞争能够对人类社会的进步起到积极的推动作用。人类在竞争中才能使自己的雄心得以展现，聪明的头脑也能够得到进一步发展。参加体育运动必须要敢于竞争，面对强手如林的环境，要无所畏惧，超越自我，战胜对手，创造纪录与奇迹。人类的发展，正是靠着这种动力，才能够不断创新，不断迈进。

4. 奋力拼搏

敢于竞争、奋力拼搏是实现生命价值的真谛。这种奋力拼搏的精神不仅是运动赛场上运动员的精神，同时，也将人类的一种先进力量充分体现了出来，它鼓励人们勇于向大自然进行探索，克服各种不利因素，向未知领域发起一个又一个的挑战，这是人类对自身理想、品质、意志和能力不懈追求的表现，是奥林匹克运动的重要文化内涵。

5. 重在参与

"参与比取胜更重要"，是奥林匹克运动重要的名言，也是奥林匹克运动重要的文化内涵之一。正如现代奥林匹克运动的创始人顾拜旦所说的："生活中重要的不是凯旋而是奋斗，其精髓不是为了获胜而是使人类变得更勇敢、更健壮、更谨慎和更落落大方。"没有参与，取胜就无从谈起，而取胜也不是参与的唯一目的，没有群众性的参与，奥林匹克运动也失去了本来的意义。

6. 为国争光

在现代体育运动当中奥林匹克运动是最耀眼的一颗明珠，参加奥运会的选手并不仅仅代表个人，还代表着自己的民族和国家。入场时运动员高举本国的旗帜，颁奖仪式上要奏国歌、升国旗，每一届奥运会不同的开幕式、闭幕式也会将举办国的特色充分显示出来，大赛期间无数人都通过各种途径关注运动员是如何发挥表现的，这些举措使体育价值、社会价值的重担落到了运动员这一个体身上，这样，运动员在实现其个人价值的同时，也将其体育价值与社会价值较好地得以实现。奥运赛场上英雄主义、集体主义、爱国主义高度一致，使得每一个参与者与观赏者的自豪感得以激发，其国家的民族凝聚力得以增强，奥林匹克运动的精神在此时也得到了进一步的升华。

第三节　体育教学环境的营造

一、体育教学环境的含义

在教学活动中，教师和学生的双边活动都会受到一些外在因素的影响，这些因素的综合，就是所谓的教学环境。

通常，可以从广义和狭义两个方面来对教学环境进行了解和认识。广义上来说，教学环境就是对教学产生影响的所有社会环境的总和；狭义上来说，教学环境则指的是学校教学活动所需要的环境，主要涉及物质、制度与集体心理等各个方面。

我们这里要研究的体育教学环境就属于狭义上的教学环境的范畴。由此，可以将体育教学环境定义为：体育教学环境是对体育"教"和"学"效果有影响的、显性的和隐性的教学条件以及这些条件共同构成的教学氛围。

二、体育教学环境的构成

体育教学环境的构成因素是多种多样的，具体可以根据不同的依据进行划分。比如，显性的、半隐性的和隐性的体育教学环境是按照体育教学环境的直观性来划分的；制度环境、物质环境和集体环境这三种类型，则是按照体育教学环境的具体形态划分的。

（一）物质环境体育

教学的物质环境是体育教学环境的显性因素，具体来说，就是那些有形的体育教学场地、设施、器材等物体以及它们的形状、颜色、工艺精度、清洁度、完好度、安置位置、排列方式等物理性质所构成的教学氛围。

（二）制度环境

体育教学的制度环境，是属于体育教学环境中的半显性因素的范畴，究其原因，是因为制度的呈现有时候是明确的文字，有时是师生头脑中或口头上的共同约定。制度因素是物质因素与集体因素之间的连接体，因为一部分制度因素与物质因素有着密切的联系，有一部分制度因素则与集体因素关系密切，体育教学制度因素的优劣所形成的高效率与低效率、严谨和不严谨都会在很大程度上影响到学生的体育学习氛围。

（三）集体环境

体育教学环境的隐性因素是体育教学的集体环境，是体育学习集体构成因素的优劣所形成的无形中影响学生体育学习的教学氛围，其中包含了平等与不平等、和谐与不和谐、友善与不友善、团结与不团结、合作与不合作、宽容与不宽容等。

三、体育教学环境的优化

自然环境强调的是保护，与之不同，体育教学环境强调的则是营造，以及维护和修缮。体育教学环境的优化，不仅涉及学校和体育教师，还与学生有着密切关系，因此，对体育教学环境的优化，是学校、体育教师和学生共同的责任和任务，需要他们共同参与、共同努力才能实现。

由于体育场地周边环境的优化比较复杂，而运动服装的优化又比较简单，因此，体育教学的物质环境的主要工作包括：体育教学场地和设施的美化、体育教学器具的美化两大方面。

（一）体育教学场地和设施环境的美化

主要体现在建设时的设计和建设后的维护与管理。

1. 优化体育教学场地和设施的注意事项

（1）要注意体育教学场地与设施的材料问题

当前，我国的学校体育室外场地多采用塑胶或人工草皮铺装。这类材料包含的种类比较多，而且产品更新速度较快，因此，在选材时一定要事先就对此进行研究和论证，同时，还要严格遵循基本的节约和实用原则，同时对地理区域和气候等方面的因素进行综合考虑，一般地，天然草皮和土质场地是很少在北方看到的。体育设施可以购买和自制，但材料的质量相差较大，因此，在自制各种体育器材时要选用结实和表面光滑的材料。

（2）要注意体育教学场地与设施的颜色问题

当前，我国的学校体育场地采用的颜色主要为红色的跑道，当然也不乏彩色跑道和彩色场地，因此，体育教学场地也有色彩选择的问题。在设计体育教学场地的颜色时，要以色彩学原理和场地周围景物的色调为依据。

（3）要注意体育教学场地与设施的布局问题

当前，我国的学校体育场地的布局主要是球类场地和体操设施围绕型跑道的布局，随着体育教学内容改革的推进，这种传统的布局也发生了一定的变化，多样性特点越来越显著，综合利用化的趋势越来越明显，并且现在还出现了不设环形跑道的呼声和实践，因此有符合学校传统项目的个性化布局设计就很重要了。

2.建设后的体育教学场地和设施优化的主要工作

（1）对体育教学场地和设施的维护

建设后的体育教学场地和设施，是需要进行定期的维护的，这样能使其使用寿命得到有效延长。

（2）对体育教学场地和设施的清洁

从优化学生健康环境的角度出发，必须认真对待体育设施和器具的卫生问题，具体采取的措施有：将体育教学设施打扫干净、游泳池经常换水和消毒等。学校体育场地和设施的清洁主要是依靠日常的清洁值班制度，应该让学生在课后进行体育场地和设施的清洁工作，融卫生和教育于一体。另外，便利和足够的清洁工具也是搞好体育场地和设施清洁工作的重要因素。

（二）体育教学器具的美化

这里所说的体育教学器具，主要是指体育器材和教具。

第四节　做好教学的科学管理工作

一、体育教学管理的概念

体育教学管理可以细分为不同的子系统，这些子系统的划分并不是随意的，而是要始终与体育教学管理的总目标保持一致的。同时，各子系统之间并不是各自独立的，而是相互影响、相互促进的关系，它们的共同目标是更好地实现体育教学管理。

通常，可以将体育教学管理的概念界定为：拥有一定管理权力的组织和个人对体育系统的人力、财力、物力、信息、时间等要素进行计划、组织、协调、控制等过程。

二、体育教学管理的目标

（一）体育教学管理的总目标

体育教育中包含着体育教学，因此，要分析体育教学管理的总目标，就要首先对体育教育管理的总目标加以了解，这两者之间的关系是非常密切的。

关于我国体育教育的总目标，可以概括为"增强学生体质、促进学生身心健康，培养学生的终身体育意识及能力，使其成为德、智、体全面发展的社会主义事业建设人才"。

因此，现代体育教学管理的目标必须在现代体育教育的总目标下，应与现代体育教育的方向一致，为实现现代体育教育的总目标而服务。

（二）体育教学管理的层次划分

体育教学管理系统的目标可以进一步细分为很多子系统的子目标。

以体育教学管理目标的层次为依据，可将体育教学管理目标大致分为体育教学管理的总目标、体育教学管理的下一层目标、体育教学管理的具体目标。

三、体育教学管理发展采取的对策

对于体育教学管理来说，必须不断发展，才能与现代社会的发展相适应，具体可采用的对策主要有以下几个方面。

（一）做好体育教学管理人员的素质建设工作

体育教学管理人员，是体育教学管理的主体和实施者，其素质水平的高低直接关乎管理的质量，因此，做好体育教学管理人员的素质建设工作至关重要。

1. 提升思想素质

一个人的行为是受到其思想的指挥而实现的，因此，思想素质的提升是首要任务。对于体育教学管理人员来说，首先要充分了解到体育教学的特殊地位和作用，在此基础上，调整自身的心理状态和情绪，热心对待每一名学生，并提升服务意识，提升整体管理效能。

2. 做好业务素质建设工作

体育教学管理人员专业工作的开展，都是在现有的体育教学现状的基础上进行的，因此，要求其必须要时刻了解学校体育教学现状，尤其是对当前学校体育教育管理制度有全面的了解，清楚体育教育管理方面的工作性质与内容，同时，还要做好管理水平的提升与转变。

3. 充分发挥教师的主导作用

首先要做好教学理念与管理理念方面的建设工作，同时，体育教学计划的制定也至关重要，不可忽视，因此，就要求在制订教学计划时，必须遵循学生的基本运动素质，不能将相关项目的计划时数、学习内容、教学要求等规定得太过严苛，要有一定的弹性，充分发挥好教师在课程设计方面的主动性，并特别关注学生的学习进度的可变性。

（二）从实际出发，更好地为学生提供优质教育服务

1. 学校体育教育管理需要从实际出发

根据学生的生长发育特点和学习需求，体育教师应该做到对学生特点的准确把握，然后以此来对症下药，在整个体育教学管理的过程中，及时总结经验，参照相关法律依据来实行教育探究与教育改革，敢于创新，摆脱固有的思想，发展出适应新时期学生体育教育基本的管理方法与教育模式，使用多样化的开放式教育，让学生对学习知识的重要性有较为全面的了解和认识。

2. 为学生提供优质教育服务

学生是学校体育教育管理的主要服务对象，为全校学生提供优质的服务，让学生感到满意是体育教学管理最初的目的，而要实现这一目的，就需要学校能够对自身的基本职能有充分的了解。

（三）对学生综合能力的培养重视程度高

体育教育教师在从事体育教学工作之前，首先要做的一项重要工作就是全面且深入地了解学生的实际情况，然后以此为依据，制定符合体育教学理念的教学目标，探寻学生综合素养的平衡点。

四、体育教学管理的改革与创新

体育教学管理在发展的同时，还要进行必要的改革和创新，为其持续性的科学发展创造有利条件。具体可以从以下几个方面着手。

（一）体育教学管理观念创新

体育教学管理观念会对管理活动的开展与教学活动的效果产生直接的影响。换句话说，行为活动是在思想观念的指导下进行的，因此，这就要求首先必须从观念上入手来进行改革创新。

（二）体育教学管理活动创新

在将体育教学管理的观念加以创新之后，就可以将这些观念运用于体育教学管理的实践活动中了，以此来实现体育教学管理活动的创新。

体育教学管理活动作为教学中的活动形式，与体育教学之外的社会有着密切联系，而体育教学管理活动的开展，是为了促进体育教学的发展而进行的，这也就意味着其与社会

的发展需求也是相符的。

（三）体育教学管理体制创新

创新的体育教学管理体制必须要具有完整性和科学性的特点。

在制定完备的管理制度基础上，还要进行科学有效的实施，并且在实施过程中要遵循一定的原则和要求，从而保证创新效果的理想化。

（四）体育教学管理机制创新

在体育教学管理的机制创新中，所包含的重要内容之一就是激励机制的建立，激励的作用是非常显著的，不仅能增强教师与学生的积极性，还能有效增强其参与体育教学活动的动力，薪酬激励、荣誉激励、成绩激励等都是较为常用的激励方式。

第五节　体育教学中新型科学技术的应用

一、微课在体育教学中的应用

（一）微课在体育教学中的优越性

1.微课教学主题鲜明、突出

在做体育微课的选题时，首先要保证其主题鲜明、突出。

在体育教学过程中运用微课这一教学形式，能够将其特殊作用充分发挥出来。

①借助微课的形式来进行课前预习，在随后的课堂练习中，能够获取的理论指导会更多。

②借助微课的形式引入正式的课堂学习，观看制作好的微课教学视频，能够将学生对微课程的浓厚兴趣激发出来，有利于取得良好的教学效果。

③借助微课的形式来进行课堂总结，使学生对自我认知的准确性更强一些。

④借助微课的形式来学习课外内容，能更好地指导体育技能的运用，大大增强学生自主学习的能力。

2.微课教学时间短且精

心理学研究发现，成年人高度集中注意力去完成一个简单枯燥的任务，其注意力仅仅能高度集中 20 分钟左右，也就是说，学生在体育教学过程中，也只有前面的 20 分钟是能够做到高度集中注意力的。因此，后面的 25 分钟的课堂教学效果并不理想。因此，传统的体育课堂要完成复杂的教学内容就需要进行相应的调整和改变，微课内容的设计会更加科学合理，特色鲜明，形式活泼多样，教师的讲解也会更加清晰明了，更容易引起学生的兴趣，这学生在体育课堂上对相关内容的掌握程度会更高一些，理解的透彻程度也会更高一些。因此，为了促使学生保持高度的注意力来学习知识，从认知心理特点来说，微课的短时间教学方式更加有效。

3. 微课中的教学资源丰富且方便使用，学生在学习时间上能自由支配

尽管体育微课教学的时间相较于传统的课堂教学要短一些，但其中所包含的教育资源的丰富程度却并不低，采用的教学形式也有多种多样的特点。微课课程将要教学的内容都制作成精彩的教学视频，因此，教师需要对其中包含的核心内容有准确且正确的掌握，学生对这种新型的教学形式也会产生好奇心，对于吸引他们更好地参与到教学中并取得理想的教学效果都是有很大帮助的。

4. 微课教学内容形象化，实用性强，学生理解消化的难度小

不管体育微课的形式是什么样的，其本质上仍然是体育课，这一点是不变的。微课中教学内容的设计都是通过教师展示出来的，比如，多媒体课件中的展示或示范、讲解或配音、引导或说明、解释或纠错等，大都是教师亲自进行示范和展示而制作成的，如果在微课教学过程中用到相关的教学器械，那也是真实的，与教学相适应的，采用的教学方式和练习方法、测试等都是课堂内容的真实体现。由此可以看出，微课能够将一个实用性、直观性、可操作性非常强的课堂形式展现给学生，这就为学生更好地理解和消化知识点提供了一定的便利。

（二）微课在体育教学中的应用策略

在体育教学中应用微课，首先要将其与学校所制定的教学培养目标相适应，并且将两者有机结合起来，从而保证所制定的微课的可行性与科学性。在设计微课时，要求必须要遵守学校体育的教学特征及实际教学情况，合理规划不同类型的体育课程的微课程，从而使不同类型的体育教学需要都能得到有效满足。具体来说，在体育教学中应用微课这一教学技术，可以采用以下策略。

1. 微课程要与网络教学信息平台相结合

一般来说，微课对于不同年级学生，所具体制定的教学方式是不同的。比如，对于高年级的学生来说，通常都已经具备运用网络沟通与处理知识的初步技能，通过学校地方网

络信息平台，能够使自身的知识获取渠道得到进一步的拓展，知识结构与能力也会进一步充实。而对于低年级的学生来说，通常是需要在家长的陪同下参加课程的学习，因为低年级学生在处理和操作技能方面往往不能自主完成。另外，不管是低年级还是高年级的学生，要改变当前体育教学中的内容单一的情况，进一步拓展和扩充体育教学内容的广泛性，需要教师首先认真研读体育教学大纲，从中摘取有效信息，并且结合相应要求，将与教学目标相关联的网络教学资源创建起来，以此，来将优质的体育教学资源不断填充到微课课程中，让所有的学生都能通过微课学习来共享这些新的内容信息。

2. 在设计微课时，主题的选择要恰当

微课的最终教学效果如何，在很大程度上受到微课设计程度的影响，因此，要求教师一定要对微课主题的选择引起重视。对于体育教学来说，要想选择合适的微课主题，首先要确定教学目标，即通过微课教学，使学生获得哪些知识点，要掌握哪些技术、技能，再以此为依据，来选择相应的体育理论或实践课中学生经常遇到的问题、难题，针对性地解决学生可能会遇到的问题和重要知识点。

3. 对微课进行全面且深入的分析和理解，在此基础上选择合适的教学形式

微课的教学实施在时间上是有所限制的，在教学内容方面，要做好针对性的选择，深度与广度都要恰到好处，不能太难也不能太容易。另外，还要合理控制微课学习的时间，从而满足大部分学生利用课余的碎片时间学习的实际情况，因此要保证微课教学时体育知识的完整性与连贯性，这些都源自于教师对教学目标、教学内容、学习者的合理分析。教师在制作微课前需要明确分析体育微课的学习者及其基础、教学目标、课程的内容与特点等，以此来对学生的认知基础、学习能力、技术程度、需求状态，以及价值观与目标、知识与技能、过程与方法等进行深入分析。通过对上述内容的分析和总结，以得出的结果为依据，就能使教师合理地组织和设计出质量较高的微课，从而满足学生的学习需求。

4. 制作完整的微课

将各种学习资源整合起来，微课的制作就算完成了，一个完整的微课，是通过以视频为核心的形式将各种学习资源展示出来，其制作流程大致为：拍摄视频源文件—课程讲解录音—剪辑视频—合成讲解录音—输出视频文件—压缩与格式转换。开展体育课的目的在于增强学生的生理素质，学习并掌握体育教学内容的相关技能，培养学生坚毅的品质。微课的教学内容所体现出的特性主要有直观性、活动性、户外性和操作性等。体育微课的制作模式主要采用实景拍摄和PPT混合模式进行制作，因为这样能够有效促进体育教学实践课取得理想的教学效果。在实景现场拍摄制作微课时，为了保证课程的质量，有几个问题要加以注意：第一，教师在示范动作时，为了保证示范的效果，一定要保证示范的规范性

和准确性，同时，仪态、技术动作标准等都要严格要求，动作上也要尽可能保持连贯；第二，在进行视频的拍摄时，一定要保证画面的稳定性和拍摄的画质清晰度，否则，视频的质量会受到影响，最终取得的教学效果也会不理想；第三，教师现场讲解时，要做到声音洪亮，节奏感强，尽量采用通俗易懂的口语进行讲解，书面语句尽量不用或者少用。

除此之外，引进新资源、更新和完善课程的相关内容、弥补漏洞也是需要引起教师重视的地方，将这些方面做好能促使学生不断地自主学习，使微课程的最佳效果得以保证。

5.要及时做好微课效果的评价与反思

微课的质量决定了其在教学形式、教学内容等方面的选择和运用是否科学合理，也决定了其能否取得理想的教学效果，因此，保证高质量的微课水平是非常重要且必要的。而要做到这一点，需要在微课结束之后，通过学生的评价与反馈来实现的。教师要时刻保持与学生之间的联系渠道，做好相互之间的沟通和交流，为教学活动提供必要的依据。教师需要借助于新媒体平台进行授课，同时，还要以积极、客观的态度来检验微课在预期的教学效果方面是否实现。学生在学习过程中通过交流与反思，能够使微课得到进一步的改进和完善，这样也能在某种程度上提高微课的实用性与高效性。微课制作的好坏主要与参照评价的主体——学生有关。通过学生对微课的评价与反思，能够对微课开发者更好地了解制作的体育微课起到推动作用，从而使他们能够对现有的微课课程进行针对性的调整和改善，甚至也可以重新构建新的微课程，不管采用什么样的方式，只要能保证微课的质量，能顺利实现教学目标，能解决体育课中出现的问题，能使学生在学习过程中掌握正确的学习方法等，就说明这一操作是科学且有效的。

二、动作可视化教学与电子可穿戴设备在体育教学中的应用

可视化教学是基于计算机应用技术和网络技术的新型教学方式，它在体育教学中的应用所产生的便利是非常显著的。

我国体育事业的发展过程中，长期存在着不均衡的现象，由此便引起一些弊端产生，同时，传统体育课程教学模式中也存在着较多的不足，而通过动作可视化教学与电子可穿戴设备的应用，能够使这些不足得到有效的弥补。

（一）可视化教学在体育教学中的应用与作用

1.提高体育教学的效率与质量

体育课程教学，实际上就是将更多的体质健康教育理念、方法、思维传授给学生，使他们养成良好的学习习惯；而传统意义上的体育课程教学，通常就是学生对教师教授动作

的机械模仿、简单复制，这种教学形式在提升学生体质水平，培养先进思想、理念方面的效果微乎其微，与体育教学发展的目的和宗旨不相符。在这种教学模式下，学生在内心深处并不能对课程所学知识内容产生较强认同感，同时这种相对枯燥乏味的教学模式还会对学生的学习热情产生负面影响，不利于体育课程教学长期发展。

2. 有效提升体育教学主体的综合能力

传统体育课程教学过程中，学生的兴趣稍显不足，导致这一现象的原因有二：一是传统观念对体育健康教育的偏见所致，二是传统教学模式僵化。

将可视化教学用于体育教学中后，就进一步丰富了传统教学形式用到的教学方式，除了书本和教师口授的方式外，还会经常用到音频、图片、视频甚至是 3D 投影等方式，这些方式和手段具有多样性、生动性、灵活性、变化性等显著特点，对于协同教学和复习巩固都将产生非常显著的作用，能够有效激发出学生强烈的学习兴趣，同时，也能积极调动起学生学习的积极性、主动性、自觉性。

（二）电子可穿戴设备在体育教学中的应用与作用

1. 准确预估体育教学中的运动参数

当前，体育课程教学的质量和水平成为人们关注的重点，不管是其中所涉及的教学目标、教学理念、教学模式还是教学考评机制，从数据准确性、完整性到一致性、及时性，都提出了精益求精的要求。可穿戴电子设备在体育课程教学中的应用和发展，对于体育教学所产生的影响是非常重要的。

2. 密切监测体育教学的数据库

可穿戴电子设备还可以利用强大的数据库功能，来对每一个学生对不同运动的喜好程度进行深度挖掘和分析，从而为体育课程个性化教学提供科学准确的实时数据。

可穿戴电子设备本身具有非常显著的功能，具体表现在以下几个方面。

①具有显著交互性特点，手势识别、脸部识别、语音识别等多种控制方式都能实现，同时，还能与手机、电脑等设备实现高效数据分享交流。

②还可以对佩戴者周围的环境数据变化进行有效监测，同时，还能对佩戴者多种数据进行整合，然后传输到教师控制终端，为教师第一时间了解学生训练密度、肌肉反应等数据，并及时调整课程教学进度和难度提供了便利，而这对于教学方案的优化也有积极影响。

③翔实准确、及时有效的动态数据群能够有效支持体育课程教学科学考评。

综上所述，运动可视化教学和可穿戴电子技术在体育教学中的有效应用，不仅能有效改变教学模式，对于教学理念和教学思维的转变也是有所助益的，能够将学校人才培养"以人为本"的宗旨充分体现出来。

三、运动手环和 iPad 在体育教学中的应用

当前，"健康第一"的思想已经成为主导思想之一，对于教师来说，提高学生体质水平，保证学生健康成长，是其在教学过程中所有工作安排的宗旨，而科学合理的运动负荷是达成这一目标的最基本要求。运动手环和 iPad 是优化教学过程的一种新型教辅手段，在体育教学中的应用尚处在探索阶段，这里就大致进行相应的探讨。

（一）通过全方位体验互动，激发学生学习的乐趣

在体育教学中，要想使学生的认知得到发展，体育技能得到有效培养，首先应该培养起学生良好的学习兴趣，因为只有让学生对所学内容感兴趣，其学习的动力和热情才能表现出来。

（二）心率数据即时传输，让学生健康学习

对于体育运动的参与者来说，运动负荷的选取是至关重要的，这在体育教学的安排中也不能忽视，可以说，合理安排运动负荷，在体育教学过程中是处于基础性地位的，因为很多教学过程中发生的伤害事故都与不合理的运动负荷有密切关系。过大的运动负荷，会加大学生的心肺活动压力，对于其正常功能的恢复或运动损伤的影响是负面的；如果负荷过小，那么体育锻炼的实际效果微乎其微，也不利于运动技能的掌握。因此，合理安排适宜的运动负荷是非常重要且必要的。运动手环的使用，有利于教师及时了解学生运动负荷的情况。比如在田径运动中的跑类项目教学中，学生通过手环可以及时检测到心率的变化，了解自己的运动负荷。这样教学不仅科学性更加显著，对于学生的健康成长也是非常有帮助的。

参考文献

[1] 辛娟娟 . 运动技能与体育教学 [M]. 北京：九州出版社 ,2018.

[2] 张艳 . 高校体育教学与体育竞赛活动研究 [M]. 北京：北京工业大学出版社 ,2018.

[3] 宋军 . 高校体育保健课与体育教学 [M]. 成都：四川大学出版社 ,2018.

[4] 刘满 . 体育教学团队的科学建设与管理 [M]. 北京：中国商业出版社 ,2018.

[5] 刘锦 . 现代体育教学体系的建设与发展研究 [M]. 北京：中国书籍出版社 ,2018.

[6] 沈建敏 . 体育教学创新与运动训练研究 [M]. 北京：新华出版社 ,2018.

[7] 杨明强 . 学校体育教学理论与实践研究 [M]. 武汉：武汉大学出版社 ,2018.

[8] 孙存占 . 体育教学与健康教育 [M]. 南昌：江西高校出版社 ,2019.

[9] 曾佳 . 大学体育教学与管理研究 [M]. 长春：吉林出版集团股份有限公司 ,2019.

[10] 李尚华，孟杰，孟凡钧 . 大学体育教学与管理实践 [M]. 长春：吉林出版集团股份有限公司 ,2019.

[11] 杨景元，董奎，李文兰 . 体育教学管理与教学现状 [M]. 长春：吉林人民出版社 ,2019.

[12] 刘景堂 . 高校体育教学改革研究 [M]. 北京：中国纺织出版社 ,2019.

[13] 韦勇兵，申云霞，汤先军 . 体育教学与运动技能分析 [M]. 长春：吉林人民出版社 ,2019.

[14] 查毅 . 体育教学设计与实践研究 [M]. 长春：吉林文史出版社 ,2019.

[15] 安基华，李博士 . 体育教学理论与实证研究 [M]. 长春：吉林人民出版社 ,2019.

[16] 夏越 . 现代高校体育教学研究 [M]. 北京：北京理工大学出版社 ,2019.

[17] 王刚，张德斌，崔巍 . 体育教学管理与模式创新 [M]. 延吉：延边大学出版社 ,2019.